뭇소리 찬불가

찬불가 악보집
뭇소리 찬불가
박범훈
민속원

악보를 열며

불성佛聲 찬불가와의 인연

영산회상靈山會上곡은 국악을 대표하는 곡이다. 그리고 승무 반주음악에 쓰이는 염불念佛과 민요인 회심곡, 산염불, 탑돌이 곡은 불교에서 세속화된 것이다. 그러고 보면 국악 전공자들은 자의와 관계없이 국악을 통하여 불보살을 찬탄하고 공양해 왔다. 나 역시 그 중의 일원이다.

동국대학원에 입학하여 5년간 불성佛聲을 화두로 정진했다. 그 결과 불의 소리는 바로 부처님의 말씀, 불전佛典 안에 있었음을 알 수 있었다. 8만4천 법문이 모두다 불성이요 불佛이 바로 성聲이라는 사실을 알게 되었다. 불성의 세계는 그야말로 화엄華嚴의 세계요 장엄莊嚴의 세계이며, 한량없는 무량수국無量壽國의 세계였다. 그리고 불전을 통하여 불성의 근원과, 쓰임새를 알 수 있었다. 이러한 인연으로 박범훈의 『한국불교음악사연구』가 탄생하였다.

창작찬불가는 1900년 초에 스님들에 의하여 탄생된 불교음악이다. 구비전승으로 전래된 전통불교음악과 달리 서양음악기법에 의하여 작곡된 새로운 불가佛歌이다. 일제의 탄압으로 조선불교가 쇠멸 위기에 처했을 때 스님들이 앞장서서 불교의 재건과 더불어 대중들이 함께 부를 수 있는 찬불가를 만든 것이다. 작사를 하고 작곡을 의뢰하고 곡이 부족하면 유행가와 타종교에서 부르던 곡에 가사를 바꿔 부르게 하면서 찬불가 운동을 했던 것이다. 1920년대의 백용성, 권상로, 조학유, 김정묵 스님을 시작으로 해방이후 정운문 스님에 이르면서 찬불가 운동이 전개되었다. 스님들의 이러한 찬불가운동은 1990년대 석성일 스님의 '붓다'와 광덕 스님의 '보현행원송' 등의 교성곡 풍의 찬불음악으로 장르가 확장되었다.

특히 백용성 스님의 찬불가 운동은 찬불가의 창시자로 역사에 기록되어야 할 것이다. 1927년 대각교의식에 전하고 있는 '왕생가', '권세가' 두곡의 악보와 필자가 김정묵 찬불가집에서 찾아내 최초로 밝혀진 '대각교가' '세계기시가' '중생기시가' '중생상속가' '입산가'의 악보는 창작찬불가의 역사를 증명해 주고 있기 때문이다.

스님들의 찬불가운동은 6.25 전쟁이후 정운문 스님으로 이어지고 1960~70년대에 결쳐 추월성, 정민섭, 이찬우, 반영규, 서창업, 김희조, 홍원기, 최영철, 김용호,등의 재가불자 작사, 작곡자들에 의하여 찬불가 전개된다.

1980년대에 들어서면서 찬불가는 성숙기를 맞이한다. 각 사찰에 불교합창단이 창단되면서 70년대에 활동했던 작곡가들의 찬불가가 널리 애창된다. 가고파 작곡가 김동진 선생과 비목을 작곡한 장일남 선생을 비롯하여 변규백, 김동환, 정부기 등 많은 작곡가 들이 찬불가 작곡에 참여한다.

필자는 1969년 실내악곡 '귀불歸佛'과 73년 무용극 사의승무死의僧舞작곡을 하면서 불성과의 인연이 시작되지만 찬불가를 작곡하게 된 것은 1990년 초 부터이다. 자세한 내용은 박범훈의 찬불가 작품에서 소개하고자 한다.

창작찬불가는 불교의식과 더불어 불교행사 전반에 걸쳐 활용되고 있다. 범패와 같은 전통 불교음악보다 활용성이 더욱 크다. 창작찬불가 중에는 찬송가와 같다는 율律적문제가 거론 되고 있는 곡이 있으나 이는 창작찬불가의 생명과 같은 정체성의 문제임으로 빠른 시일 내에 바로 잡아야한다. 이 문제에 관해서는 다음 장에서 좀 더 신중하게 언급하고자 한다.

금번 출판된 『뭇소리 찬불가』는 불성과의 인연에서 만들어진 곡이다. 부족한 점이 많지만 될 수 있는 한 전통 불교음악과 국악적 특징을 담아보려고 노력하였다. 피아노 반주에 뭇사람들이 일상생활 속에서 부담 없이 부를 수 있도록 구성하였다.

2014년 4월

박범훈

목차

목소리
찬불가

독창 악보

찬미의 나라

작사/ 정 완영
작곡/ 박 범훈

29
10
mp관 세음보 살 ㅡ ㅡ
관 세음보 살 ㅡ ㅡ
43
mp꽃 들 도 합 장을하 고 ㅡ 우 리 들배 례 드 리ㅡ니
47
mf한 오 리향연저 넘 어 ㅡ 이 자리에 와 계 시ㅡ네
51
D.C
나무아미타불 f나무 ㅡ ㅡmp관 세음보 살 ㅡ
57
C
2

무상계

작사/ 반 영규
작곡/ 박 범훈

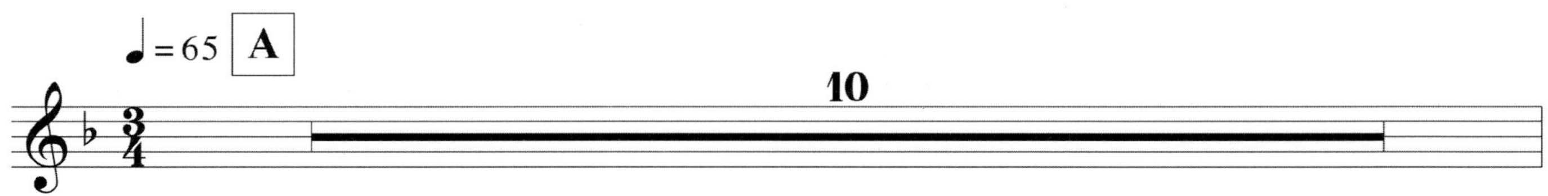

35
아 미 타 불 친 히 ㅡ 뵙 고 ㅡ 부 디 성ㅡ불 ㅡ 하 고 ㅡ 지 고 ㅡ

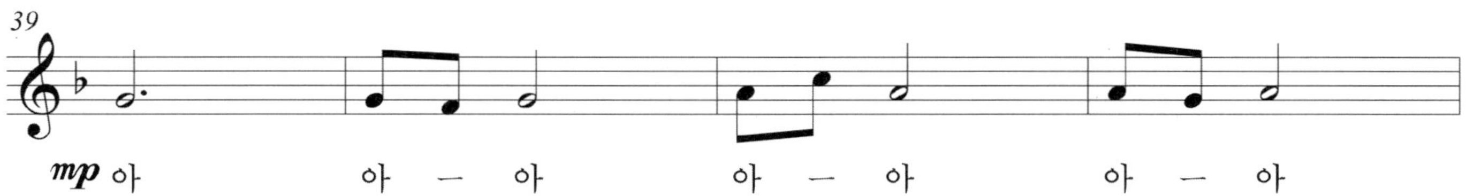
39
mp 아 아 ㅡ 아 아 ㅡ 아 아 ㅡ 아

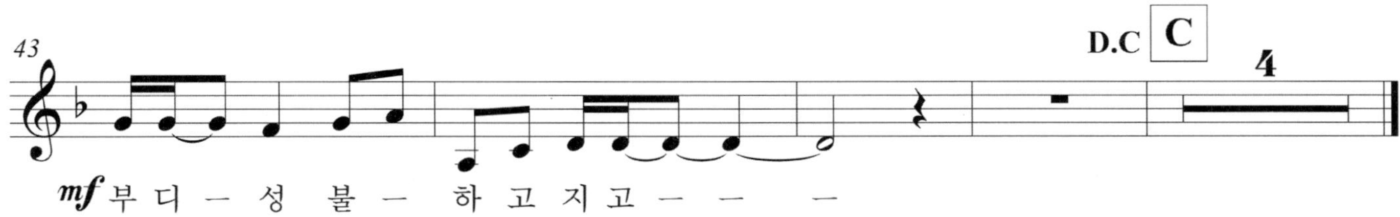
43
D.C C
4
mf 부 디 ㅡ 성 불 ㅡ 하 고 지 고 ㅡ ㅡ ㅡ

연꽃향기 누리 가득히

작사/ 목 정배
작곡/ 박 범훈

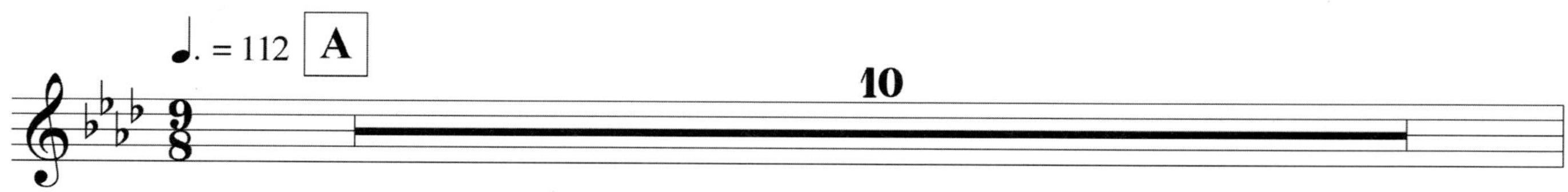

32
연 꽂향 기 누 리가득 히 나 라와 ㅡ ㅡ
연 꽂향 기 누 리가득 히 나 라의 ㅡ ㅡ
36
겨 례 에 ㅡ ㅡ 복 되 ㅡ 게 ㅡ ㅡ 하 ㅡ 리 ㅡ ㅡ ㅡ
통 일 을 ㅡ ㅡ 이 루 ㅡ 려 ㅡ ㅡ 하 ㅡ 네 ㅡ ㅡ ㅡ
C
42
9

D
51
가 만 가 ㅡ 만 손 ㅡ 으 로 빚 은 ㅡ ㅡ

55
흙 ㅡ 보 ㅡ 살 금 부 처 생 명 ㅡ 을 넣 어

59
석 굴 암 찬 란 하 게 ㅡ 우 람 히 빛 내 어 서 ㅡ

63
나 라 — 에 평 안 을 다 함 — 께 염 원 하 는

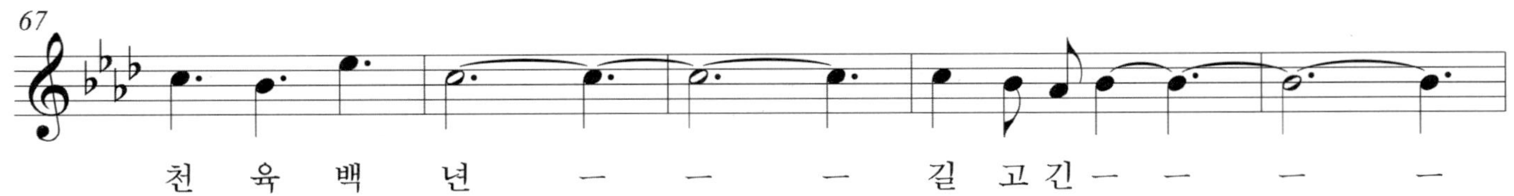
67
천 육 백 년 — — — 길 고 긴— — — —

72
연 꽃 향 기 누 리 가 득 히 백 성 에 — —

76
설 움 을 — — 웃 음 — 되 게 — 하 — 리 — — —

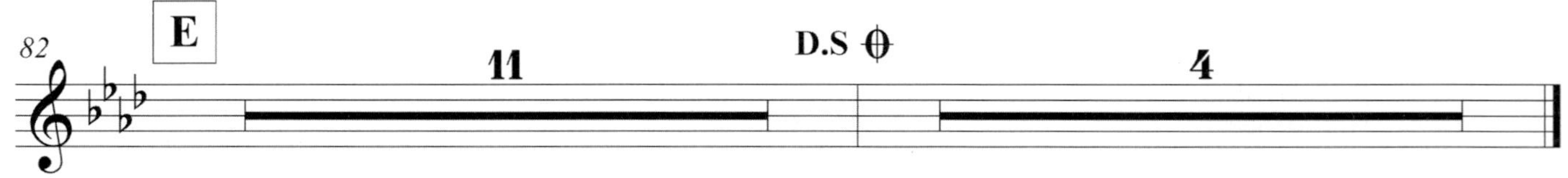
82
E
11
D.S
4

귀불歸佛

1969년 민속악회창단과 더불어 창단연주회에 연주된 곡이다. 국악실내악편성으로 작곡된 기악곡으로서 전통불교 음악의 특성을 감미한 곡이다. 스님들이 부르는 평염불의 메나리조의 선율과 목탁을 비롯한 예불의식에 쓰이는 타악기 등이 등장하며 해탈을 염원하는 수행자의 모습을 그린 곡이다. 이곡이 계기가 되어 무용극 〈사의승무〉를 작곡하게 되었다.

연잎 바람

작사/ 목 정배
작곡/ 박 범훈

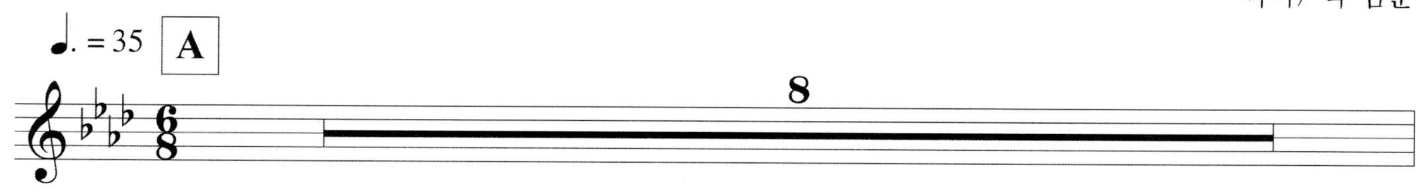

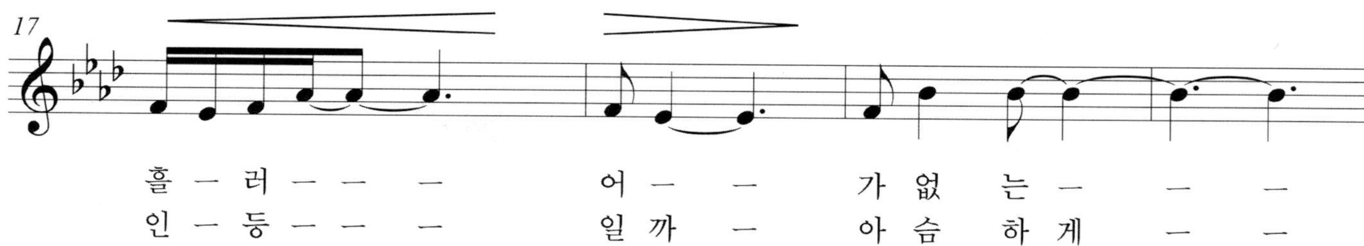

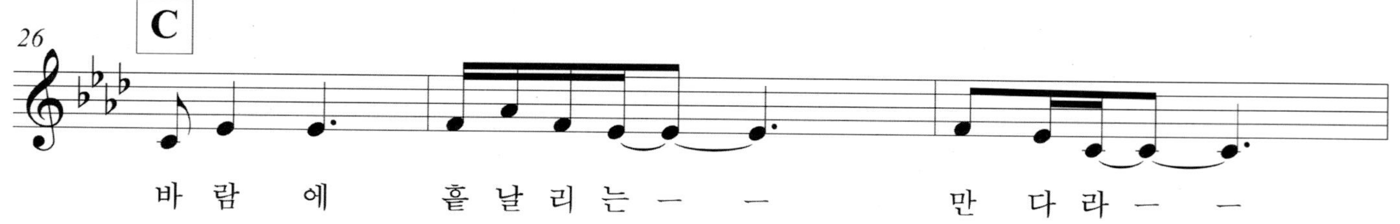

29
꽃 ㅡ ㅡ ㅡ 은 ㅡ ㅡ ㅡ ㅡ

32
다 비 에 ㅡ ㅡ 춤 ㅡ ㅡ ㅡ ㅡ ㅡ 추 고 ㅡ

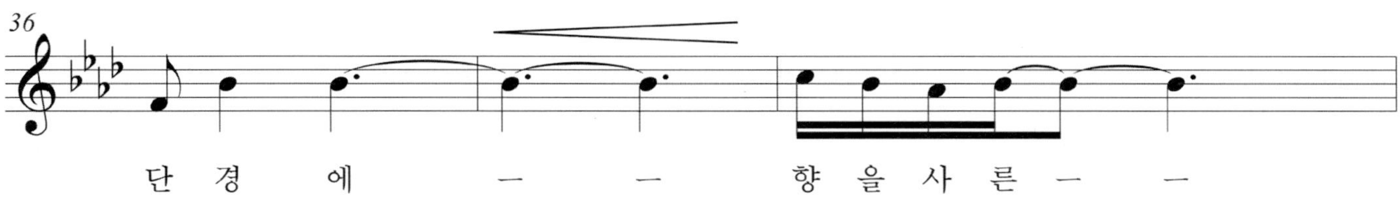
36
단 경 에 ㅡ ㅡ 향 을 사 른 ㅡ ㅡ

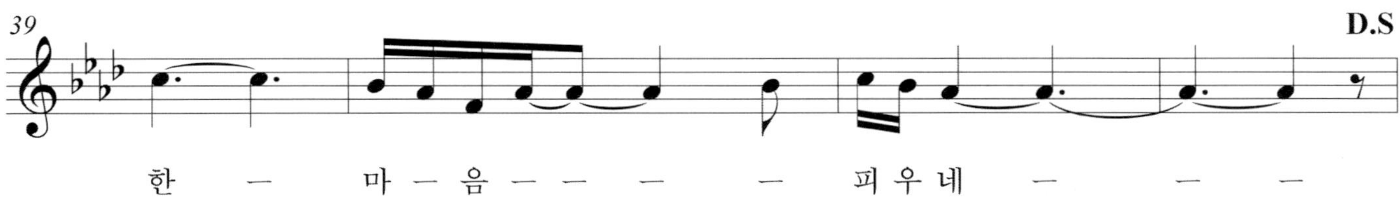
39
D.S
한 ㅡ 마 ㅡ 음 ㅡ ㅡ ㅡ ㅡ 피 우 네 ㅡ ㅡ ㅡ

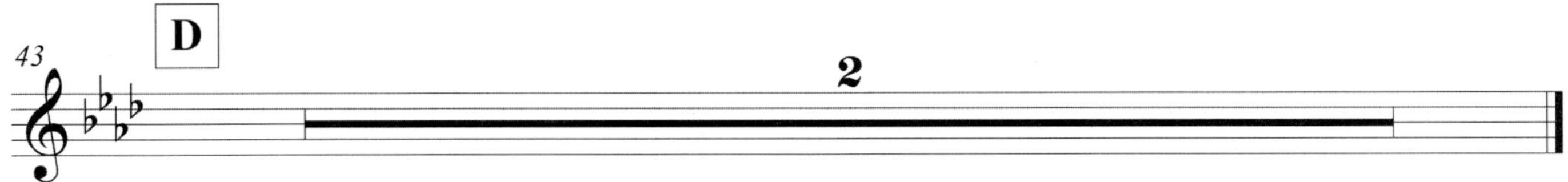
43
D
2

거룩한 손

작사/ 목 정배
작곡/ 박 범훈

33
f 여 기 ㅡ 살 아 온 모 든 ㅡ 중 생 누 가 ㅡ 남 이 랴 우 린 ㅡ 겨 레 ㅡ 지
36
여 기 ㅡ 살 아 온 모 든 ㅡ 중 생 누 가 ㅡ 남 이 ㅡ 랴 우 린 ㅡ 겨 레 ㅡ 지
39
누 가 ㅡ 남 이 ㅡ 랴 우 린 ㅡ 겨 레 ㅡ 지 ff 우 린 ㅡ 겨 레 ㅡ 지 ㅡ
43
mp 보 살 핌 한 없 이 받 들 어 모 셔 관 음 ㅡ 손 따 뜻 한
48
3
자 비 커 가 아 ㅡ ㅡ 리
53
C
6
59
목 마 름 가 득 히 잎 새 에 올 라

62
2
하 늘 비 기 다 리 는 ㅡ 꿈 을 ㅡ ㅡ 꾸 노 ㅡ 라 ㅡ ㅡ ㅡ
68
mf 뿌 리 ㅡ 깊 숙 히 적 셔 주 는 ㅡ 이 슬 ㅡ 방 울 비 지 금 내 리 면
71
씨 ㅡ 알 에 ㅡ ㅡ 맑 은 눈 ㅡ ㅡ ㅡ 해 맑 ㅡ 아 오 ㅡ ㅡ 른
74
밤 하 늘 ㅡ 안 개 구 름 ㅡ 함 께 살 고 ㅡ 파
77
mf 보 시 회 향 이 노 래 ㅡ 되 어 사 바 괴 로 움 ㅡ 맑 게 ㅡ 씻 으 면 ㅡ
80
보 ㅡ 살 에 ㅡ ㅡ 바 라 밀 ㅡ ㅡ ㅡ mp 극 락 신 되 어
83
중 생 의 번 뇌 를 열 반 케 하 리 ㅡ ㅡ mf 여 기 ㅡ 살 아 온 모 든 ㅡ 중 생

86
누 가 ㅡ 남 이 ㅡ 랴
우 린 ㅡ 겨 레 ㅡ 지
여 기 ㅡ 살 아 온 모 든 ㅡ 중 생
89
누 가 ㅡ 남 이 ㅡ 랴
우 린 ㅡ 겨 레 ㅡ 지
누 가 ㅡ 남 이 ㅡ 랴
92
f 우 린 ㅡ 겨 레 ㅡ 지
95
mp 보 살 핌
한 없 이
받 들 어 모 셔
98
3
관 음 ㅡ 손
따 뜻 한
자 비
커 가 아 ㅡ ㅡ 리
3

목탁새

작사/ 정 다운
작곡/ 박 범훈

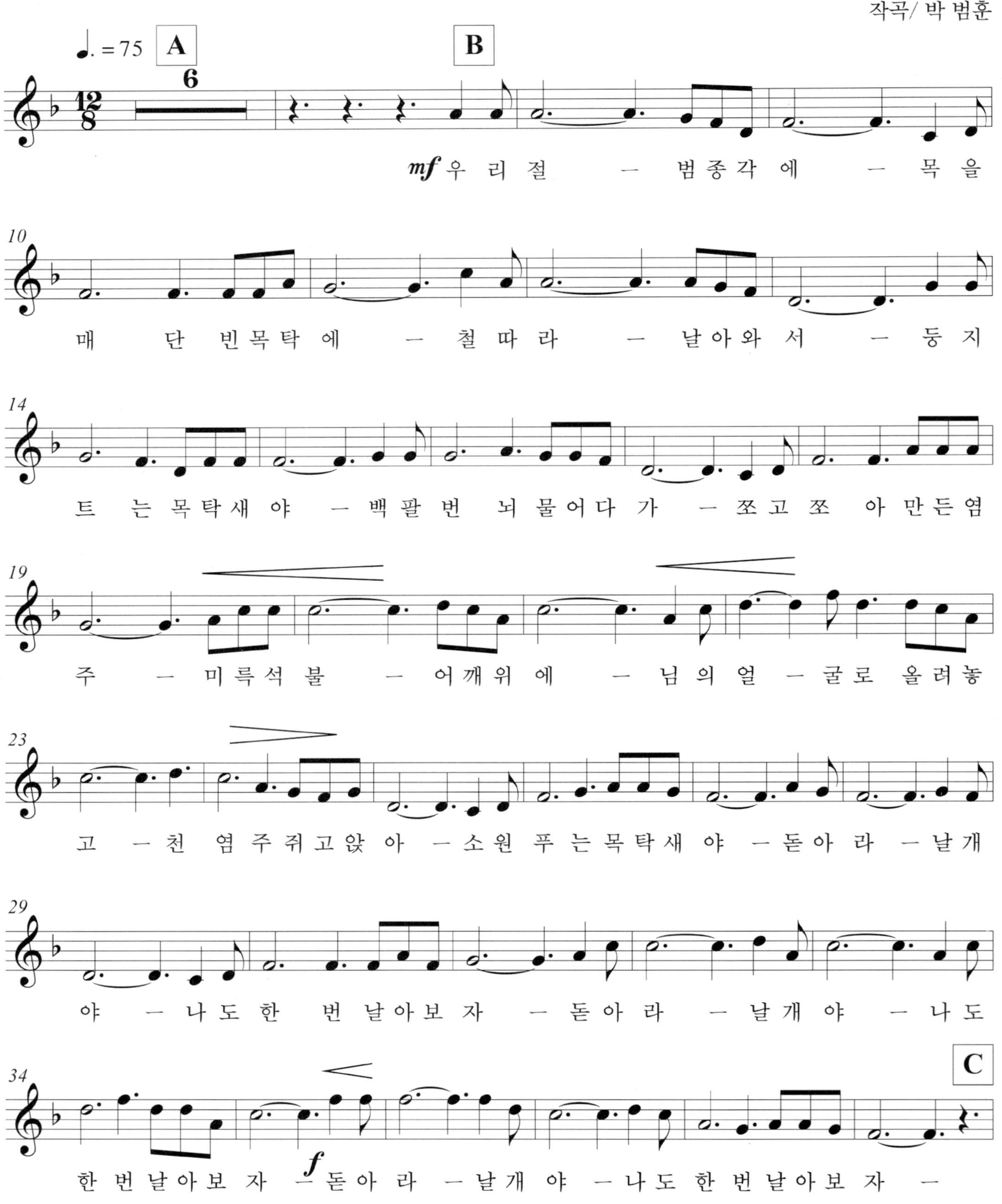

40
7
mf 세 상 만 사 무 거 운 짐 ㅡ 풀 고 풀 어 하 는 합
51
장 ㅡ 부 처 님 ㅡ 무 릎 위 에 ㅡ 빈 마 음 ㅡ 만 올 려 놓
55
고 ㅡ 천 염 주 움 켜 쥐 고 ㅡ 소 원 푸 는 염 불 소
59
리 ㅡ 돋 아 라 ㅡ 날 개 야 ㅡ 나 도 한 번 날 아 보
63
자 ㅡ 돋 아 라 ㅡ 날 개 야 ㅡ 나 도 한 번 날 아 보
67
자 ㅡ f 돋 아 라 ㅡ 날 개 야 ㅡ 나 도 한 번 날 아 보
71
자 ㅡ 나 도 한 번 날 아 보 자 ㅡ

길

작사/ 석 성일
작곡/ 박 범훈

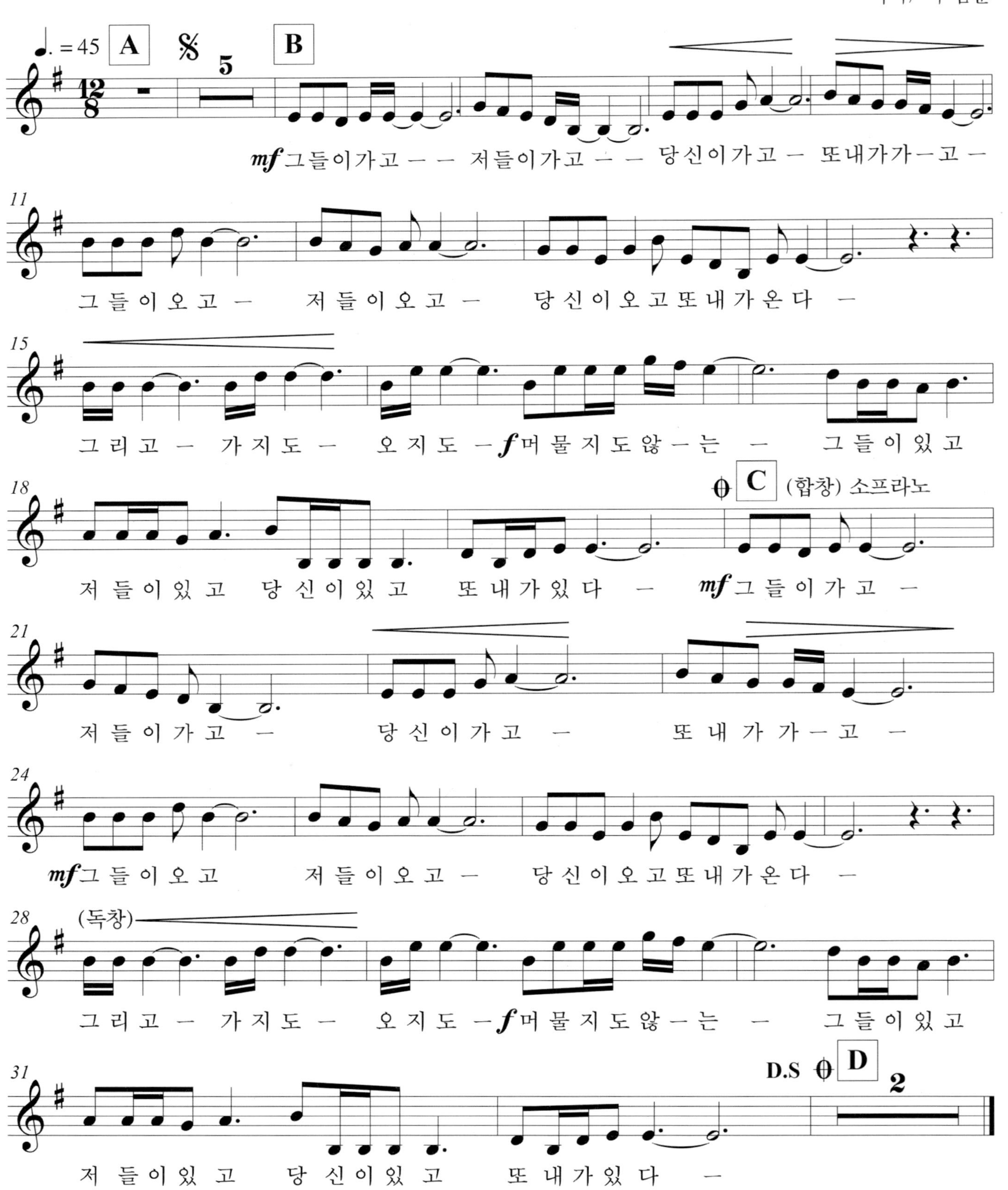

오계의 노래

작사/ 광 덕
작곡/ 박 범훈

경허 · 만공스님

작사/ 반 영규
작곡/ 박 범훈

41
덧 ㅡ 없 ㅡ 는 세 ㅡ 월 강 물 처 ㅡ 럼 흘 렀 건 만
45
서 릿 발 같 은 선 지 와 오 묘 한 도 ㅡ ㅡ 리
49
새 벽 녘 에 샛 별 처 럼 ㅡ 사 바 비 추 니 ㅡ ㅡ ㅡ
55
f 후 학 ㅡ 들 가 슴 에 천 둥 으 ㅡ 로 울 리 네
59
D
4
어 이 ㅡ 잊 으 랴 ㅡ 선 지 식 ㅡ 의 높 은 은 ㅡ 덕
67
불 혜 명 을 이 ㅡ 어 선 ㅡ 풍 을 날 리 셨 네 ㅡ ㅡ
73
E
18

91
선 사 의 크 신 서 원 을 마 ㅡ 음 에 새 ㅡ ㅡ 겨
95
만 공 탑 을 우 러 러 ㅡ 선 덕 ㅡ 을 기 ㅡ 리 ㅡ 네 ㅡ ㅡ
F
101
mf 반 만 년 배 달 의 땅 동 방 의 ㅡ ㅡ 빛
105
면 ㅡ 면 히 ㅡ ㅡ 이 어 온 선 가 ㅡ 의 전 ㅡ 통
109
성 성 한 선 지 식 의 ㅡ 가 르 침 으 ㅡ ㅡ 로
113
마 음 속 ㅡ 불 성 이 눈 을 뜨 는 날 ㅡ ㅡ ㅡ
119
해 동 ㅡ 국 대 한 이 불 ㅡ 국 토 되 ㅡ ㅡ 어

123
장 차 는 사 해 에 ㅡ 빛 이 ㅡ ㅡ 되 ㅡ 리 ㅡ 라
G
127
아 ㅡ 경 허 스 님 ㅡ ㅡ ㅡ ㅡ
131
f 만 공 ㅡ ㅡ 대 선 사 ㅡ ㅡ
135
아 아 경 허 스 님 ㅡ ㅡ ㅡ
139
만 공 대 선 사 ㅡ ㅡ ㅡ
143
a tempo
ff 아 ㅡ ㅡ ㅡ 만 공 대 선 사 ㅡ ㅡ ㅡ ㅡ ㅡ ㅡ

보리 이루리

작사/ 반 영규
작곡/ 박 범훈

45
찌 들은 지난세월 흘 려 보 내고
49
mf 양 지 쪽 화 사 한 진 달 래 처 럼 ㅡ
52
새롭고 밝은마음 mp 보디스 바 ㅡ 하
D
2

꽃을 바치나이다

작사/ 고 은
작곡/ 박 범훈

39
f 님 께 바 칠 것 은 ㅡ ㅡ ㅡ
43
mf 피 어 서 ㅡ 피 어 서 지 는 ㅡ ㅡ 꽃 이 랍 니 다 ㅡ
47
C
(시낭송) 꽃을
바치나이다
51
꽃을
바치나이다
55
님께 바칠것은
피어서 지는 꽃이나이다
59
아름다우나
이웃고 지는
꽃이랍니다
63
mp 바 야 흐 로 ㅡ 이 슬 이 내 려 ㅡ 꽃 은 아 름 답 고

67
이 때밖 에 없 습 니 다 꽃 을 ㅡ 바 치 나 이 다 ㅡ
71
mf 오 래 오 래 피 는 것 보 다
75
f 님 께 바 칠 것 은 ㅡ ㅡ
79
D
4
피 어 서 ㅡ 피 어 서 지 는 ㅡ ㅡ mp 꽃 이 랍 니 다 ㅡ

안국선원가

작사/ 수 불
작곡/ 박 범훈

오실이 가실이

작사/ 원 경
작곡/ 박 범훈

32
떠 나 는 바 람 ㅡ ㅡ 스 스 로 ㅡ ㅡ 스 스 로 ㅡ 떠 나 가 듯
36
mf 때 가 되 면 ㅡ ㅡ 때 가 되 면 ㅡ ㅡ 오 실 이 는 오 고 ㅡ ㅡ
39
D.C
가 실 이 는 ㅡ 갈 것 이 로 다 ㅡ ㅡ
43
2

니르바나

작사/ 정 다운
작곡/ 박 범훈

산사의 봄

작사/ 정 다운
작곡/ 박 범훈

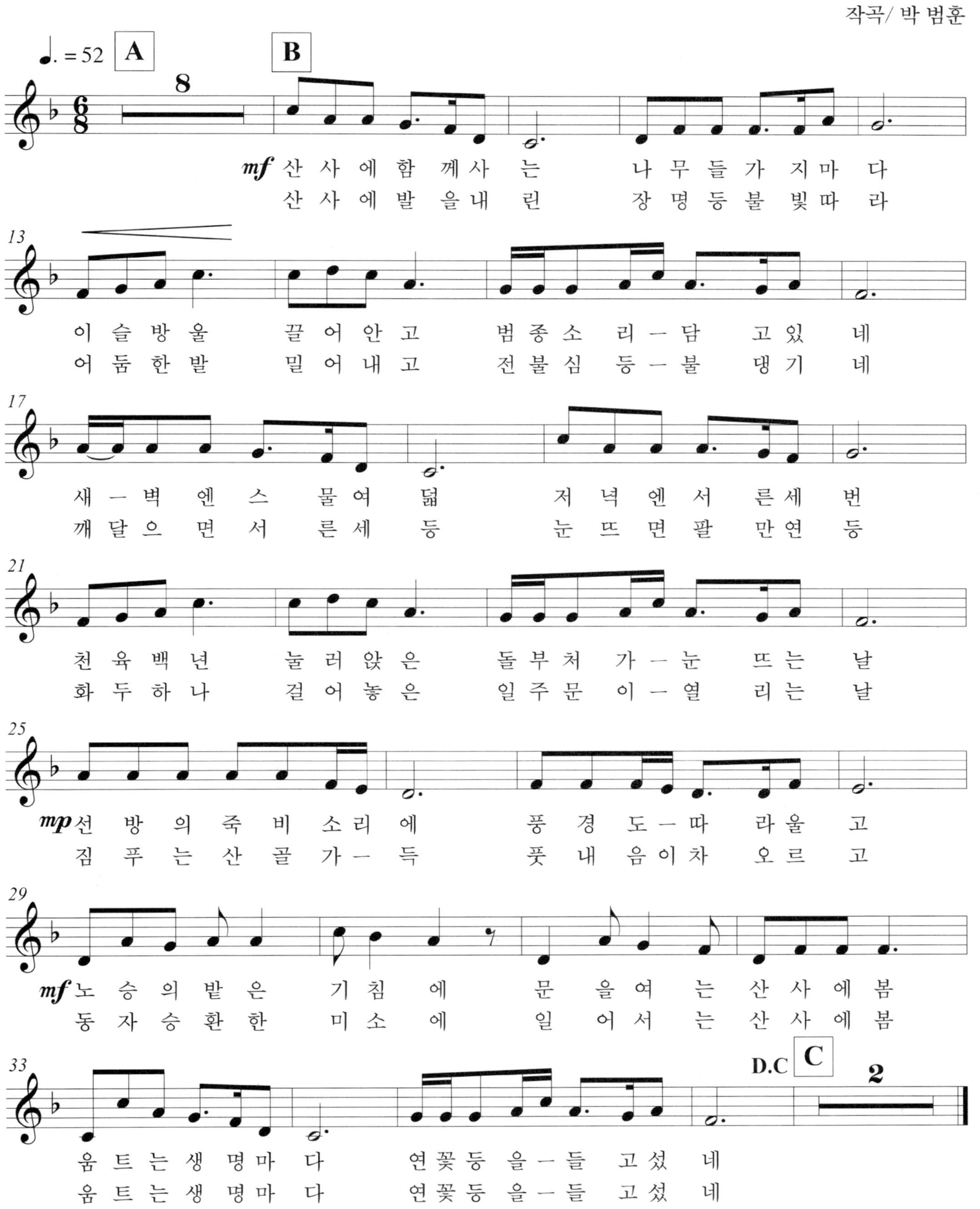

놓아라 삼세인연

작사/ 정 다운
작곡/ 박 범훈

범어사가 (빛나라 금정산)

작사/ 광 덕
작곡/ 박 범훈

41
f 여 래혁 신 의 상대 사 대 법 굴 리니
45
왜 구 ㅡ 는 패 주 하 고 나 라 구 했 네 ㅡ ㅡ
51
mp 거 룩 한 법 받 들 어 억 만 년 ㅡ 을 잇 ㅡ 고
55
국 토 중 생 가 꾸 어 mf 정 토 이 루 는
59
우 람 한 조 사 가 풍 선 찰 대 본 산
65
받 들 어 이 어 가 리 역 사 ㅡ 에 빛 내 리
69
아 아 아 ㅡ 아 정 법 의 지 우 뚝 하 여 라

73
2
f 아 ㅡ ㅡ 국 토 와 중 생 원 찬 란 하 여 라
81
3
빛 나 리 ㅡ 영 원 하 리 ㅡ
85
3
금 정 ㅡ 범 어 사 ㅡ ㅡ ㅡ ㅡ ㅡ

가야지

작사/ 김 한영
작곡/ 박 범훈

D
33
mp 가 야 지 ㅡ 가 야 지 ㅡ ㅡ ㅡ 꽃 피 고 새 울 면 나 는 가 야 지
37
산 넘 고 물 을 ㅡ 건 너 서 혼 자 가 야 지 ㅡ mf 속 절 없 는 ㅡ 세 상 ㅡ 살 이 ㅡ
40
소 리 없 이 ㅡ 지 고 ㅡ 마 는 ㅡ 꽃 잎 처 럼 ㅡ 훠 이 ㅡ ㅡ 훠 이 홀 로
43
가 야 지 ㅡ mp 우 리 ㅡ 절 부 처 님 은 ㅡ 마 음 씨 도 좋 아 ㅡ ㅡ
46
3
mf
오 냐 ㅡ 오 냐 ㅡ 잘 가 라 고 나 무 ㅡ ㅡ 아 미 ㅡ ㅡ 타 ㅡ ㅡ ㅡ 불

어화너

작사/ 반 영규
작곡/ 박 범훈

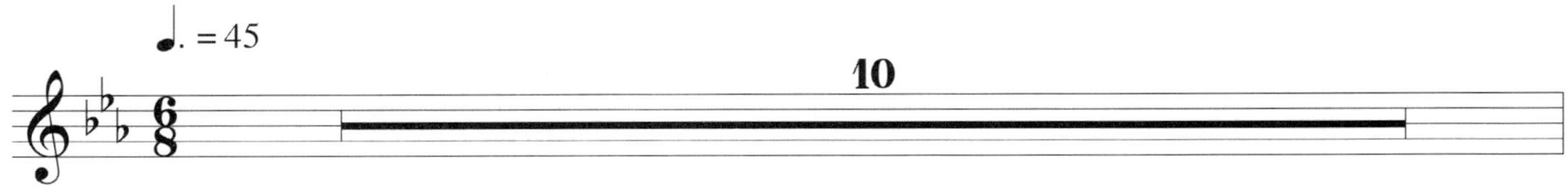

35
(후렴 4)
mf 어 화 — 어 화 — 어 화 — 너 — 어 화 어 — — 화 — 어 — — 화 — 너
39
(4 절)
지은 것은 악 연 — 뿐이라 — 뉘 우 친 — — 들 — 무엇하리
43
(후렴 5)
어 화 — 어 화 — 어 화 — 너 — 어 화 어 — — 화 — 어 — — 화 — 너
47
(5 절)
f 벗 님 네 — 들 아 살 아 — 생 전 — 후 회 할 — — 일 — 하 지 — 마 소
51
(후렴 6)
mf 어 화 — 어 화 — 어 화 — 너 — 어 화 어 — — 화 — 어 — — 화 — 너
55
(6 절)
정 만 두 고 가 는 — 님 은 — 언 제 다 — — 시 — 만날건가
59
(후렴 7)
어 화 — 어 화 — 어 화 — 너 — 어 화 어 — — 화 — 어 — — 화 — 너

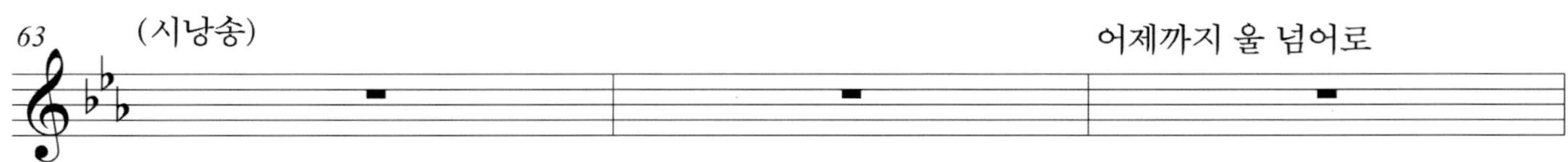
63
(시낭송)
어제까지 울 넘어로

66
세상얘기하던 님이
자고나니 허망하게
벼옷입고 꽃신신고
명정정포 앞세워

70
저승길이 웬말이오
이제가면 언제오나
북망산 머나먼 길

무용극 〈사의 승무〉

1973년 최초로 불교를 소재로 한 무용극 〈사의승무死의僧舞〉를 작곡하였다. 무용극의 창시자인 송범 선생의 안무로 문일지, 국수호 등의 무용들이 주인공으로 출연하였다. 40분 길이의 무곡舞曲이었던 이 작품은 당시 명동에 있던 국립극장에서 공연됐는데, 곡 중에 성창순 명창이 부른 '에~ 관세음보살' 로 시작되는 남도민요풍의 곡은 지금도 무용음악으로 연주되고 있다.

탑돌이

작사/ 광 덕
작곡/ 박 범훈

37
대 지 혜 의 ㅡ ㅡ 감 로 수 는 ㅡ 모 든 중 생 기 르 시 ㅡ ㅡ 네
41 (후렴A3)
mp 도 세 ㅡ 도 ㅡ 세 백 팔 번 을 도 세
45
도 세 ㅡ 도 ㅡ 세 백 팔 번 을 도 ㅡ ㅡ 세
49 (3절)
mf 하 늘 보 다 ㅡ 넓 고 ㅡ 넓 은 ㅡ 원 력 바 다 깊 으 시 ㅡ ㅡ 고
53
훤 칠 하 신 ㅡ ㅡ 큰 위 덕 은 ㅡ 햇 살 같 이 눈 부 셔 ㅡ ㅡ 라
57 (후렴A4)
mp 도 세 ㅡ 도 ㅡ 세 백 팔 번 을 도 세
61
도 세 ㅡ 도 ㅡ 세 백 팔 번 을 도 ㅡ ㅡ 세

(4절)
4
mf 부 처 님 은 – 성 중 – 에 성 – 중 생 들 의 자 부 시 – – 고
하 늘 중 의 – 하 늘 이 며 – 온 누 리 의 빛 이 시 어 – 라
♩. = 110
4
(1절,3절)
mf 대 자 – 대 비 – 상 – 서 – 구 름 – 온 – 누 리 – 를 감 싸 – 시 – 고
하 늘 – 보 다 – 넓 – 고 – 넓 은 – 원 – 력 바 – 다 깊 으 – 시 – 고
4
(2절,4절)
대 지 – 혜 의 – 감 – 로 – 수 는 – 모 – 든 중 – 생 기 르 – 시 – 네
훤 칠 – 하 신 – 큰 – 위 – 덕 은 – 햇 – 살 같 – 이 눈 부 – 셔 – 라

(후렴B4)
mp 오 오 ㅡ 오 ㅡ ㅡ 오 ㅡ 오 ㅡ 오 ㅡ 오 ㅡ ㅡ 오 ㅡ
mf 부 처님 은 성 중 성 중 생 의 자 부시 고
f 하 늘 ㅡ 중 의 ㅡ 하 ㅡ 늘 ㅡ 이 며 ㅡ 온 ㅡ 누 리 ㅡ 에 빛 이 ㅡ 시 어 라
(후렴B5)
mf 도 세 ㅡ 도 ㅡ 세 백 팔 번 을 도 세 ㅡ 도 ㅡ 세 도 ㅡ 세 백 팔 번 을 도 ㅡ 세 ㅡ

부처님 오신날

작사/ 덕 신
작곡/ 박 범훈

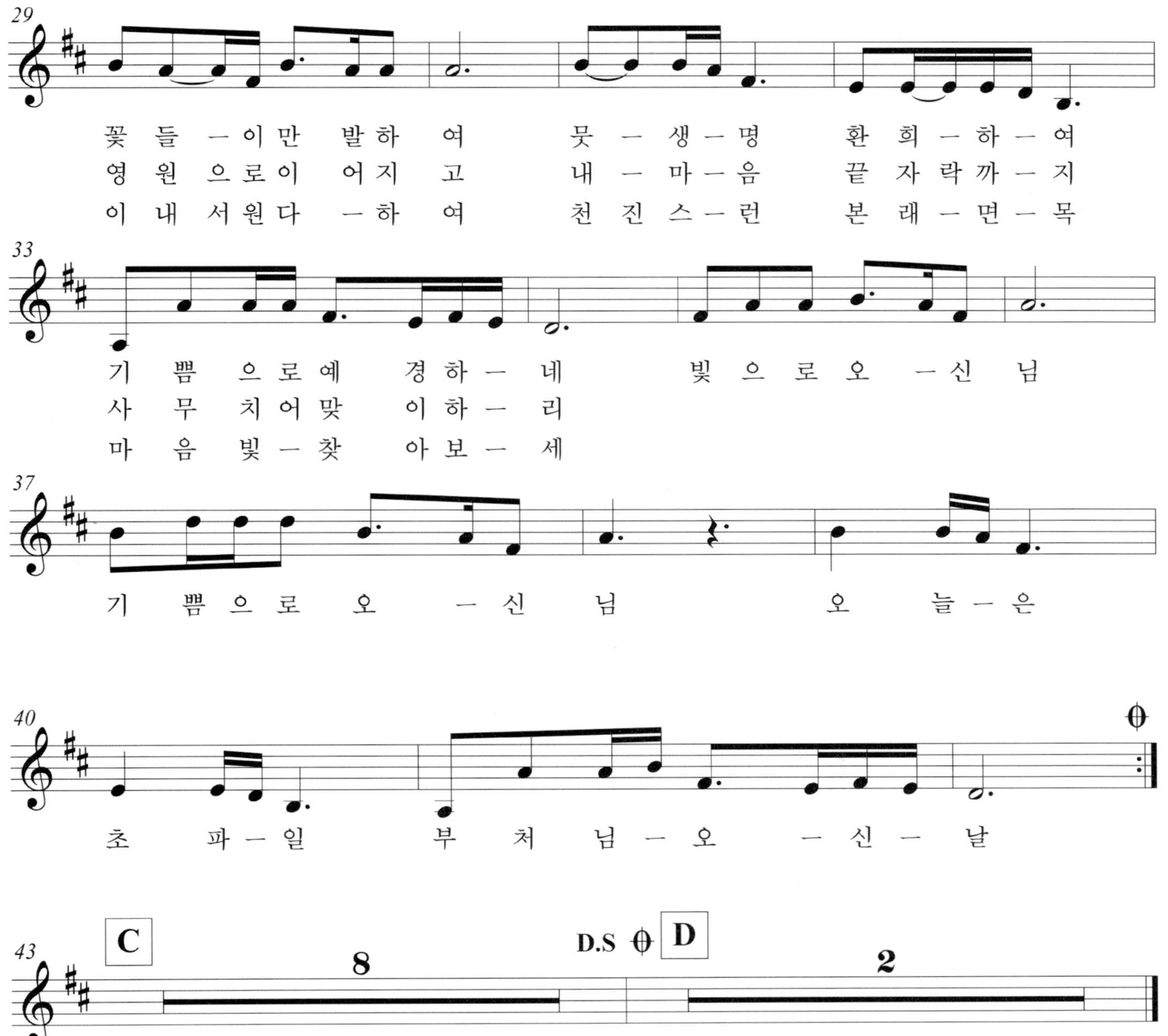
29
꽃 들 ㅡ 이 만 발 하 여 뭇 ㅡ 생 ㅡ 명 환 희 ㅡ 하 ㅡ 여
영 원 으 로 이 어 지 고 내 ㅡ 마 ㅡ 음 끝 자 락 까 ㅡ 지
이 내 서 원 다 ㅡ 하 여 천 진 스 ㅡ 런 본 래 ㅡ 면 ㅡ 목
33
기 쁨 으 로 예 경 하 ㅡ 네 빛 으 로 오 ㅡ 신 님
사 무 치 어 맞 이 하 ㅡ 리
마 음 빛 ㅡ 찾 아 보 ㅡ 세
37
기 쁨 으 로 오 ㅡ 신 님 오 늘 ㅡ 은
40
초 파 ㅡ 일 부 처 님 ㅡ 오 ㅡ 신 ㅡ 날
43
C
8
D.S
D
2

미륵님 오시네

작사/ 목 정배
작곡/ 박 범훈

쌍계사 국사암의 〈불교음악제〉

1984년 도올 김용옥 교수를 중심으로 결성된 철학연구모임 악서고회樂書孤會에 참여하였다. 그때 함께 동참했던 자명스님의 소개로 쌍계사 국사암과 인연을 맺었다. 국사암은 830년 진감국사眞鑑國師가 당나라로부터 귀국하여 최초로 범패를 가르친 옥천사玉泉寺현 쌍계사의 암자이다. 자명스님은 불교음악의 역사와 관계가 깊은 국사암을 소개해준 것이다. 이것이 인연이 되어 국사암에서 많은 불교음악작품을 작곡하게 되었고, 진감선사의 뜻을 기리는 산사불교음악제를 현장에서 개최하게 되었다. 당시에 국사암 주지를 맡고 있던 석상훈 스님現 佛樂寺 주지은 사찰 앞에 야외무대까지 만들어놓고 해마다 불교음악회를 주관하였다.

불교음악제에는 중앙국악관현악단과 인간문화재 안비취 선생을 비롯하여 많은 예술인들이 참여하였다. 해마다 올해 30년을 맞이하는 산사음악회는 전라남도 구례에 피아골에 자리 잡고 있는 불락사에서 개최된다.

귀거래

작사/ 류 종민
작곡/ 박 범훈

35
살 같 이 빠 른 세 상 ㅡ ㅡ 함 속 에 ㅡ 넣 어 ㅡ 가 야 지
40
mf 구 름 처 럼 ㅡ ㅡ 그 대 ㅡ 왔 던 그 곳 으 로 ㅡ ㅡ
43
가 야 지 ㅡ 가 야 지 ㅡ
46
C
8
D.S
4

사리여

작사/ 목 정배
작곡/ 박 범훈

35
뜨 거 운 불 길 에 도 무 쇠 녹 이 는 용 광 로 에 도
39
해 맑 은 수 정 알 이 되 어 — — 오 색 빛 영 롱 한
43
마 니 구 슬 — 로 천 년 이 나 — 영 겁 토 — 록 — 웃 음 으 로 — —
47
살 리 — 라 mf 아 아 아 — — mp 생 명 의 사 리 여
51
C
열 반 의 구 슬 — — 이 — 여 —
55
6
D
14
75
mp 한 없 이 — 버 렸 어 — 라 — 버 리 고 — 살 았 — 으

79
니 ㅡ ㅡ ㅡ ㅡ ㅡ ㅡ ㅡ
83
사 리 여 ㅡ 사 리 ㅡ 여 ㅡ
87
해 맑 은 반 야 의 빛 ㅡ 허 공 밝 히 는 무 소 유 로 다
91
슬 기 로 운 금 강 주 가 되 어 ㅡ ㅡ 오 색 빛 영 롱 한
95
마 니 구 슬 ㅡ 로 천 년 이 나 ㅡ 영 겁 토 ㅡ 록 ㅡ 웃 음 으 로 ㅡ ㅡ 살 리 ㅡ 라
100
mf 아 아 아 ㅡ ㅡ mp 생 명 의 사 리 여 열 반 의
104
E
5

금강송

작사/ 류 종민
작곡/ 박 범훈

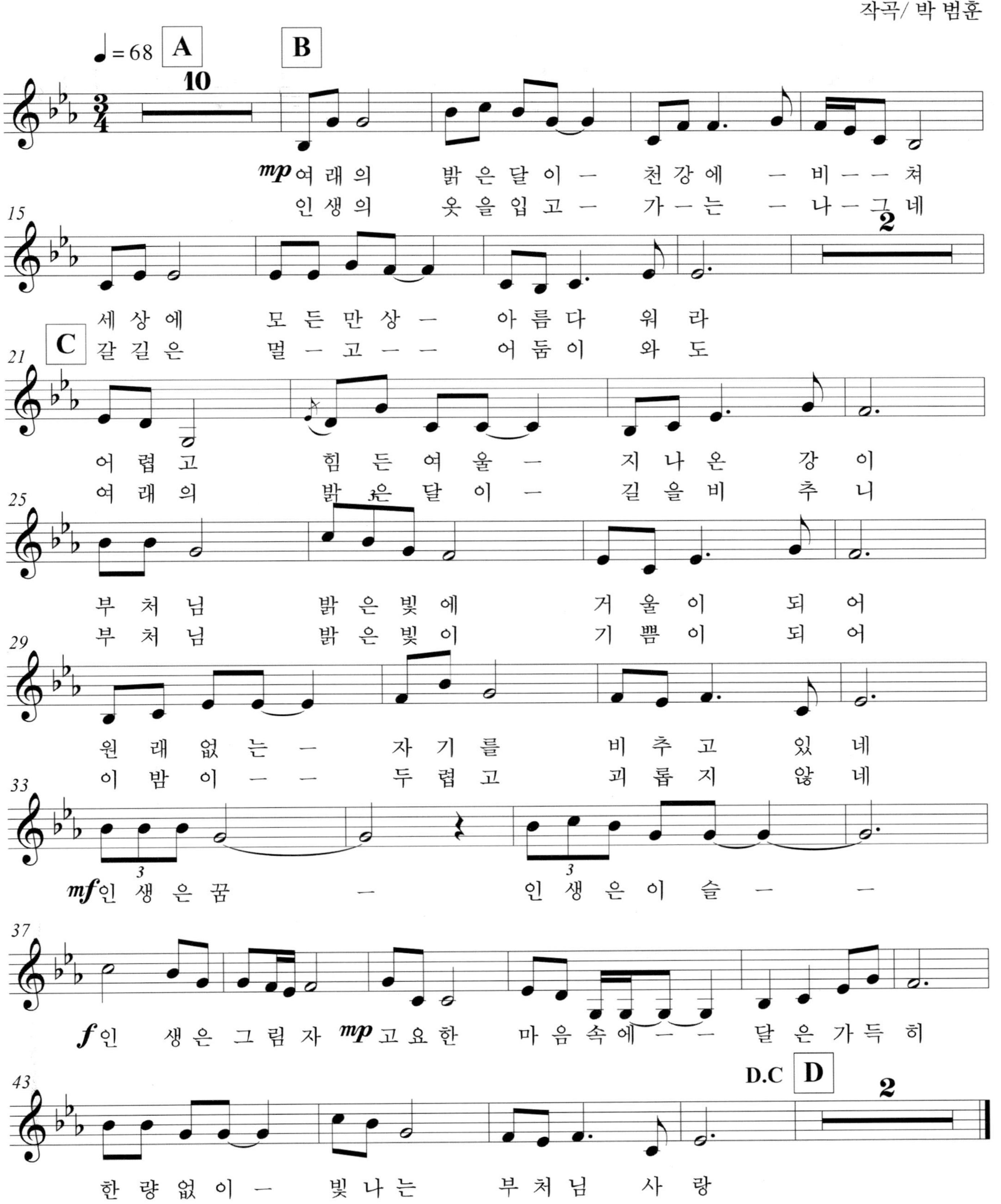

석굴암가

작사/ 월 운
작곡/ 박 범훈

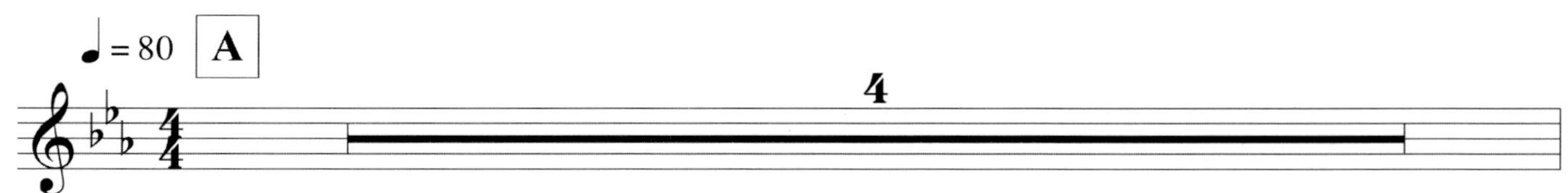

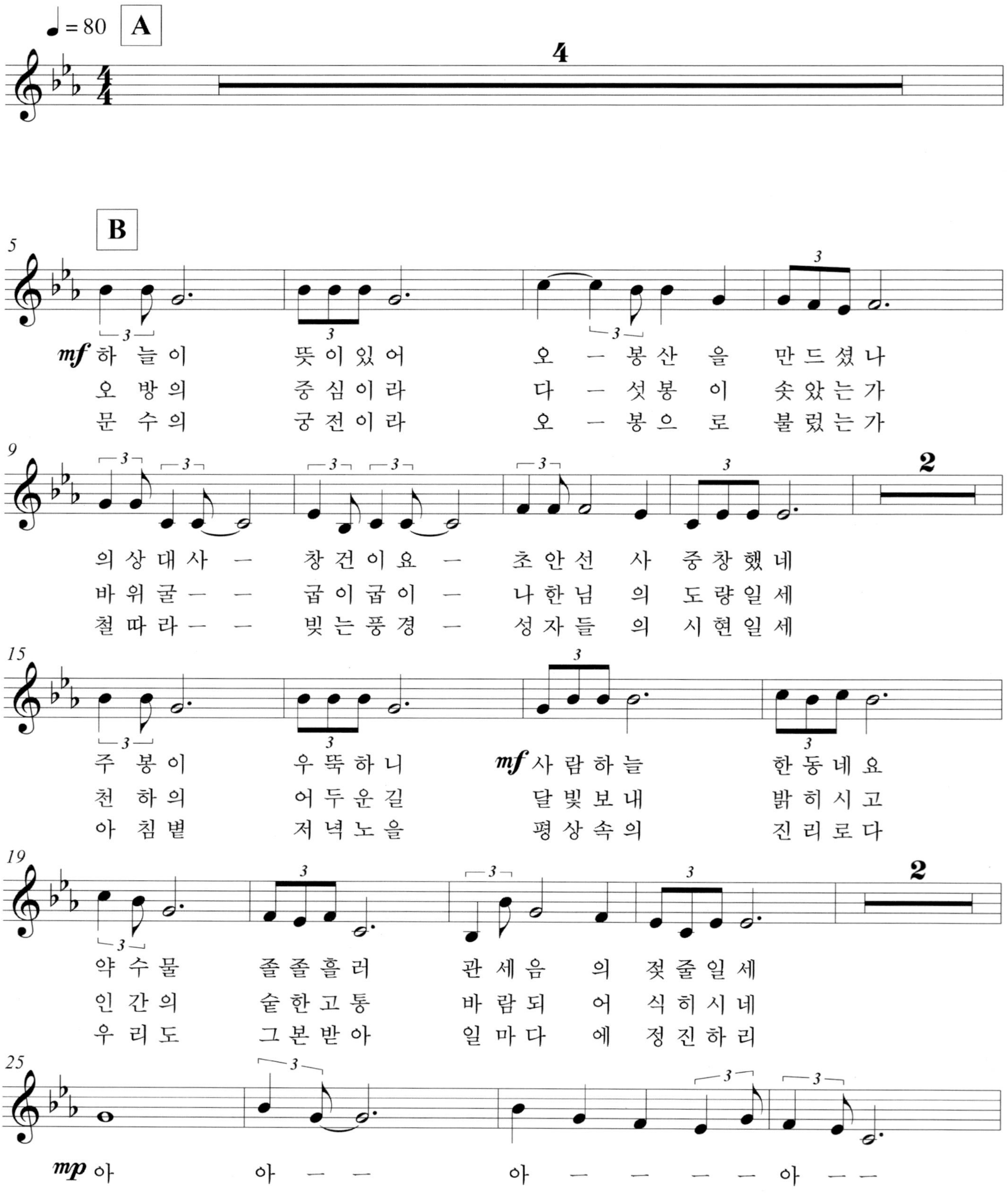

B

5
mf 하 늘 이 뜻 이 있 어 오 ㅡ 봉 산 을 만 드 셨 나
오 방 의 중 심 이 라 다 ㅡ 섯 봉 이 솟 았 는 가
문 수 의 궁 전 이 라 오 ㅡ 봉 으 로 불 렀 는 가

9
의 상 대 사 ㅡ 창 건 이 요 ㅡ 초 안 선 사 중 창 했 네
바 위 굴 ㅡ ㅡ 굽 이 굽 이 ㅡ 나 한 님 의 도 량 일 세
철 따 라 ㅡ ㅡ 빛 는 풍 경 ㅡ 성 자 들 의 시 현 일 세

15
주 봉 이 우 뚝 하 니 *mf* 사 람 하 늘 한 동 네 요
천 하 의 어 두 운 길 달 빛 보 내 밝 히 시 고
아 침 별 저 녁 노 을 평 상 속 의 진 리 로 다

19
약 수 물 졸 졸 흘 러 관 세 음 의 젖 줄 일 세
인 간 의 숱 한 고 통 바 람 되 어 식 히 시 네
우 리 도 그 본 받 아 일 마 다 에 정 진 하 리

25
mp 아 아 ㅡ ㅡ 아 ㅡ ㅡ ㅡ ㅡ 아 ㅡ ㅡ

29
mf 우 리 들 은 ㅡ 석 굴 암 의 아 들 딸 다 같 이
33
D.C
C
보 람 찾 아 이 복 밭 을 받 ㅡ 들 자 ㅡ
빛 ㅡ 내 자 ㅡ
기 ㅡ 리 자 ㅡ
37
3

돌부처

작사/ 목 정배
작곡/ 박 범훈

원왕생가

작사/ 정 다운
작곡/ 박 범훈

날마다 좋은날

작사/ 정 다운
작곡/ 박 범훈

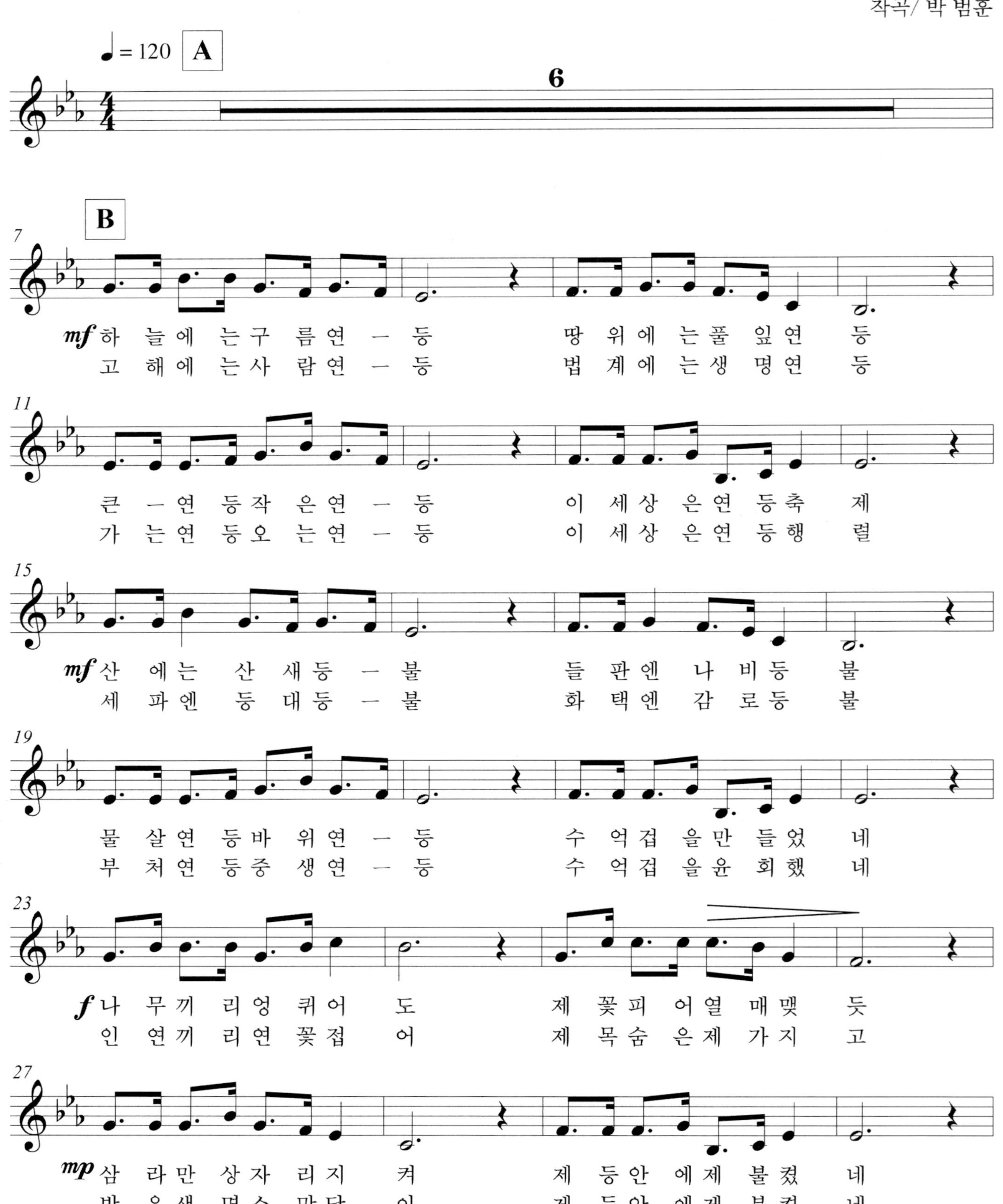

C
31
mf 만 등 만 ㅡ화 밝 혀 ㅡ있 ㅡ는 오 늘 은기 쁜 날
만 등 만 ㅡ화 꺼 지 지않 ㅡ는 오 늘 은기 쁜 날
35
년 년 호 ㅡ년 월 월 ㅡ호 ㅡ월 날 마 다좋 ㅡ은ㅡ 날
일 일 호 ㅡ일 시 시 ㅡ호 ㅡ시
39
D.C
날 마 다좋 ㅡ은ㅡ 날 날 마 다좋 ㅡ은ㅡ 날

백팔염주

작사/ 반 영규
작곡/ 박 범훈

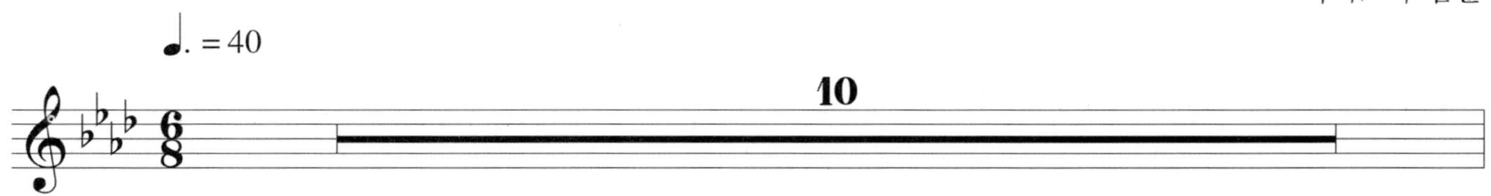

51
(6절)
4
칠 보 로 ㅡ 빛 나 는 아 미 타 국 ㅡ ㅡ 토 반 열 반 연 꽃 으 로 피 어 나 소 서

59
(후렴8)
어 허 어 허 야 서 녘 으 로 ㅡ ㅡ 가 ㅡ 고 지 고

63
(후렴9)
2
mp 어 허 어 허 야 서 녘 으 로 ㅡ ㅡ 가 ㅡ 고 지 고

해넘이

작사/ 정 다운
작곡/ 박 범훈

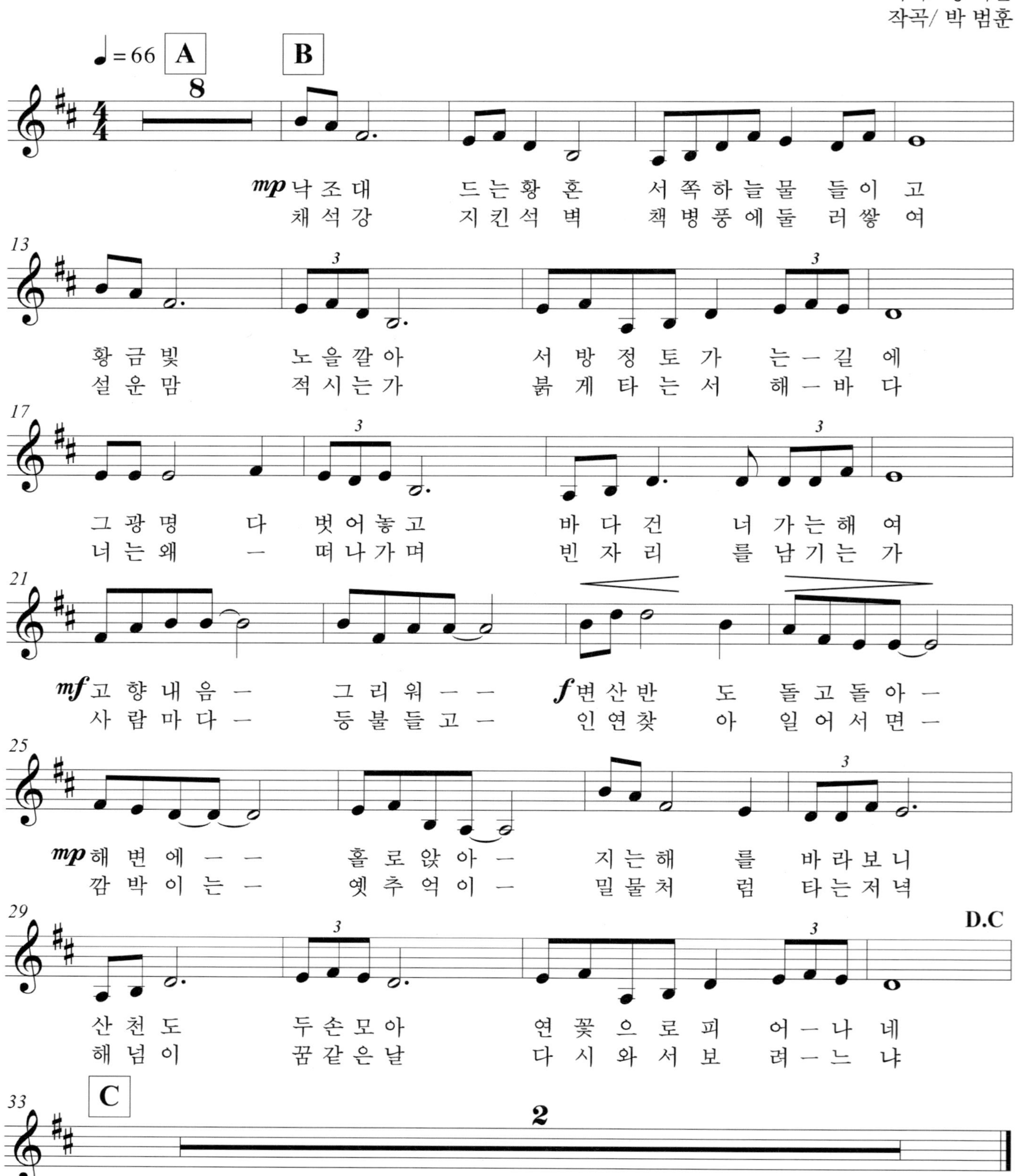

88올림픽 문화축제 작품 〈하얀 초상〉

1988년 서울올림픽 공연예술작품으로서 이차돈의 일대기를 무용극화한 〈하얀 초상〉의 작곡을 위촉받았다. 1시간 20분 정도가 소요되는 대작으로서 새로운 불교음악을 작곡할 수 있는 좋은 기회였다. 출연진도 좋았다. 연주는 중앙국악관현악단, 무용은 국립무용단이 출연하였고 지휘는 필자가 맡았다. 이 작품에서 음악적으로 관심을 끈 것은 무용극에 최초로 불교합창단(불광사마하보디합창단) 70명이 출연한 점이다. 무용극에 불교합창단이 직접 출연하여 찬불가를 부른 역사를 최초로 기록한 것이다. 〈하얀초상〉 음악구상을 위해 해인사의 아침예불을 보러 갔다. 새벽 3시에 장엄하게 거행된 예불의식은 장관이었다. 당시에 받은 감명은 지금도 잊을 수가 없다. 〈하얀 초상〉의 서곡이 해인사 아침예불 형식으로 작곡된 이유가 바로 여기에 있다. 그리고 끝부분에 전체 합창으로 부른 석성일 스님의 시 '무제無題'를 만날 수 있었던 것도 이때였다. 이곡은 찬불가 〈길〉 이라는 제목으로 현재 도신스님이 즐겨 부르고 있다. 석성일 스님과는 1991년에 국악교성곡 〈붓다〉를 함께 작사 작곡하였다. 〈하얀 초상〉을 작곡한 후 찬불가 작곡에 어느 정도 자신감을 얻었다. 찬불가란 특별한 곡이 아니라, 본인이 평소 때 추구하고 있던 작품과 다르지 않다는 것을 알게 되었다. 전통음악과 서양음악의 작곡을 겸비한 필자로서는 찬불가의 문文만 해결되면 율律은 크게 문제될 것이 없었기 때문이다.

사바등대

작사/ 정 다운
작곡/ 박 범훈

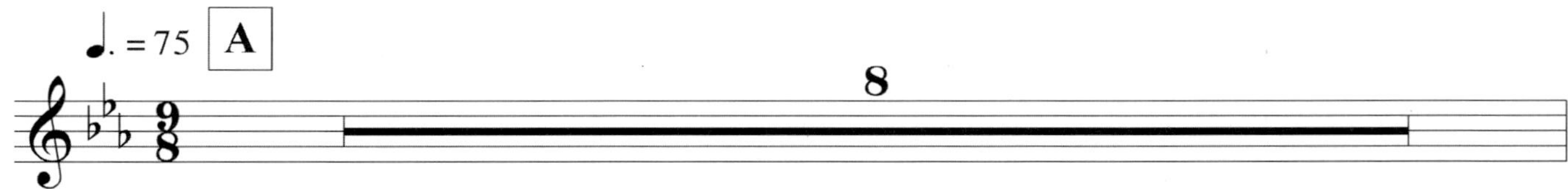

32
mp 산 은 산 등 대 나 무 는 나 무 등 대 세 상 이 다 등 대 려 ㅡ 니

36
바 람 도 석 등 에 들 ㅡ 러 ㅡ ㅡ ㅡ 작 명 등 ㅡ 을 켜 고 가 네

40
D.C
제 몸 태 워 ㅡ 어 둠 을 밝 히 는 여 기 는 다 사 바 등 ㅡ 대 ㅡ

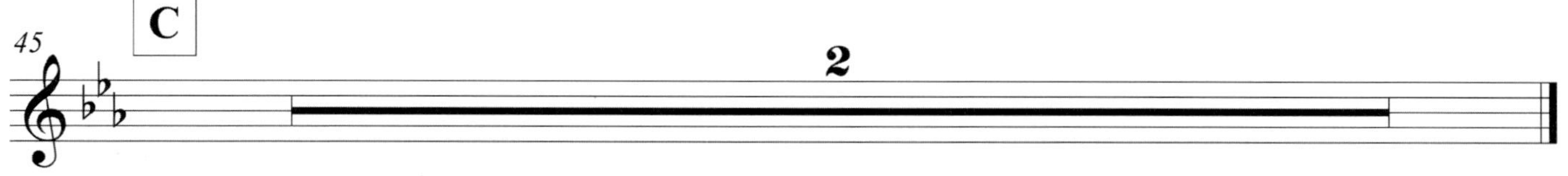
45
C
2

불국토 만만세

작사/ 도 문
작곡/ 박 범훈

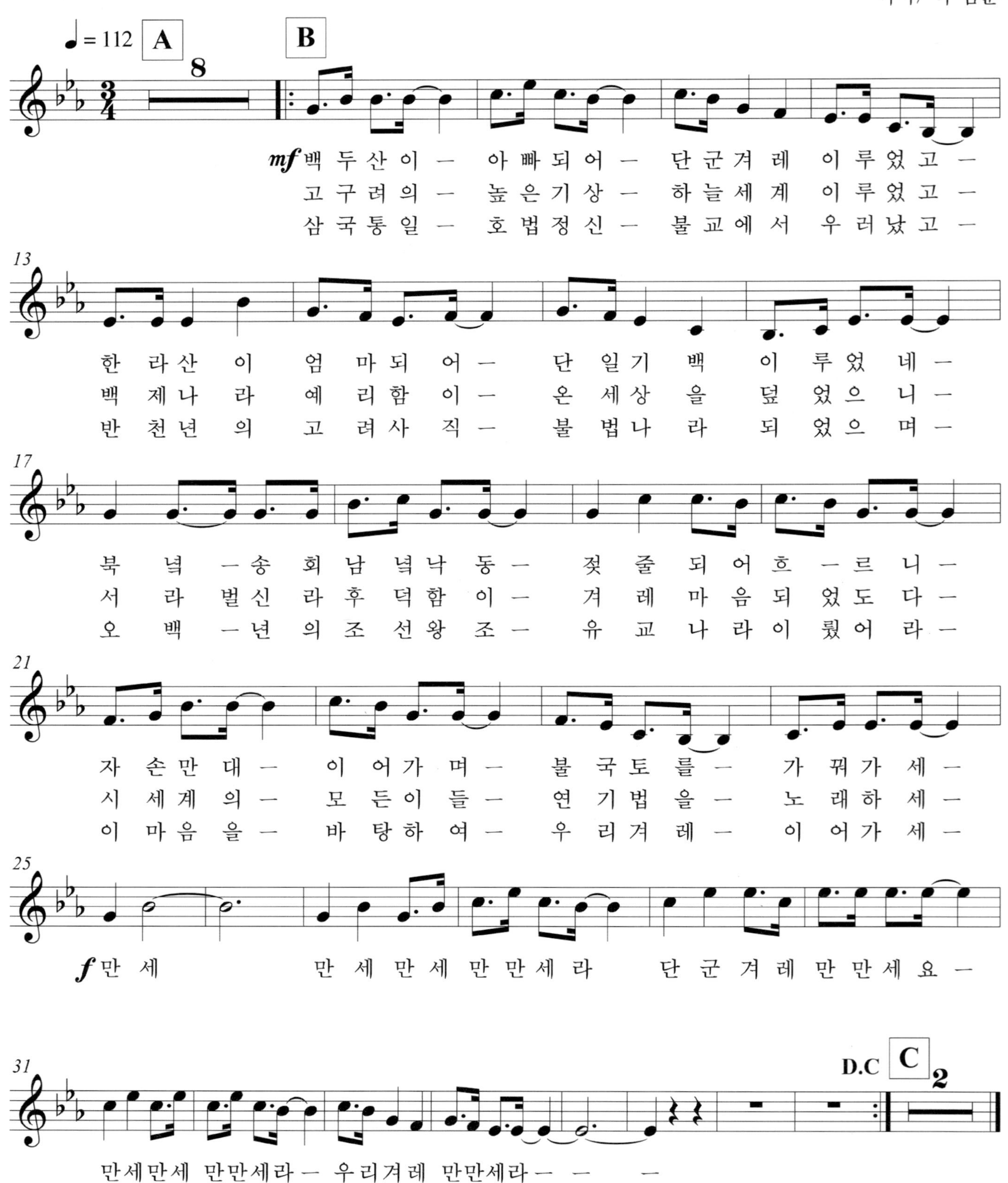

부처님 사랑

작사/ 목 정배
작곡/ 박 범훈

뭇소리 찬불가

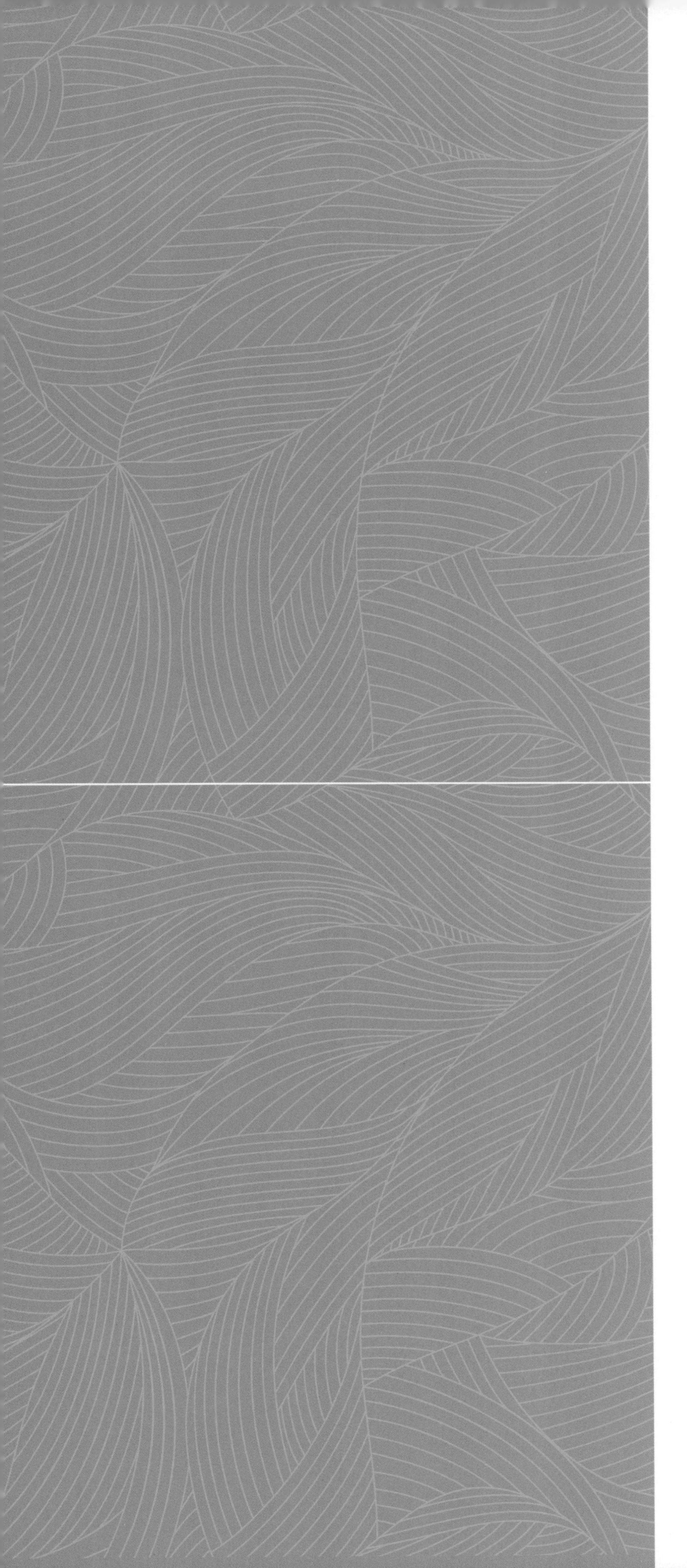

합창 악보

찬미의 나라

작사/ 정 완영
작곡/ 박 범훈

B
mp
부 처 님은어 디 계 실까 저 높 은 산 에 ㅡ 계 실까
부 처 님은어 디 계 실까 높 푸 른 하 늘 에 계 실까
mp
저 넓 은 바다에 계 실까 아닐세 ㅡ 내 가슴에 와
두 터 운 땅ㅡ에 계 실까 아닐세 ㅡ 내 가슴에 와

17
계 ㅡ 시 네 ㅡ 꽃 들 도 합 장 을 하 고 ㅡ
계 ㅡ 시 네 ㅡ 풀 끝 에 이 슬 오 르 고 ㅡ
mp 꽃 들 도 합 장 을 하
풀 끝 에 이 슬 오 르
21
우 리 들 배 례 드 리 ㅡ 니 mf 한 오 리 향 연 저 ㅡ ㅡ 넘 어 ㅡ
뭇 새 들 노 래 부 르 ㅡ 니 온 세 ㅡ 상 ㅡ 찬 미 의 나 라 ㅡ
고 mf 한 오 리 향 연 저 ㅡ ㅡ 넘 어
고 온 세 ㅡ 상 ㅡ 찬 미 의 나 라
mf

2nd time only
25
이 자 리 에 와 계 시 ㅡ 네 나 무 아 미 타 불 f 나 무 ㅡ ㅡ
이 천 지 에 와 계 시 ㅡ 네 나 무 아 미 타 불 나 무 ㅡ ㅡ
이 자 리 에 와 계 시 네 나 무 아 미 타 불 f 나 무 ㅡ ㅡ
이 천 지 에 와 계 시 네 나 무 아 미 타 불 나 무 ㅡ
f
ff
29
mp 관 세 음 보 살 ㅡ ㅡ
관 세 음 보 살 ㅡ ㅡ
mp 나 무 나 무 관 세 음 보 살 ㅡ ㅡ
mp

33
부 처 님은어 디
계 실까
저 높 은 산 에
계 실까
37
저 넓 은 바 다 에
계 실까
아 닐 세
아닐 세
내 가 슴 에 와

41
mp 꽃 들 도 합 장을하 고 ㅡ
계 ㅡ 시 네 ㅡ
mp 꽃 들 도 합 장을하
mp
45
우 리 들배 례 드 리ㅡ니 mf 한 오 리 향 연 저 넘 어 ㅡ
고 ㅡ
mf 한 오 리 향 연 저 넘 어
mf

49
이 자 리 에 와 계 시 ㅡ 네 나 무 아 미 타 불 f 나 무 ㅡ ㅡ
49
이 자 리 에 와 계 시 네 나 무 아 미 타 불 f 나 무 ㅡ ㅡ
49
f
53
D.C
mp 관 세 음 보 살 ㅡ
53
D.C
mp 나 무 나 무 관 세 음 보 살 ㅡ
53
D.C
mp

57
C
f

무상계

작사/ 반 영규
작곡/ 박 범훈

B
9
mf 곱 디 고 운 ㅡ ㅡ 베 옷 입 ㅡ ㅡ 고
태 산 준 령 ㅡ ㅡ 망 망 대 ㅡ ㅡ 해
mp
13
꽃 신 신 고 가 는 ㅡ 님 아 이 승 에 짐 ㅡ 훌 훌 벗 고
세 월 속 에 변 하 ㅡ 는 데 백 년 안 팎 ㅡ 짧 은 인 생

17
고 이 가 소 ― ― 정 든 님 아 ― ―
생 로 병 사 ― ― 면 할 손 가 ― ―
17
고 이 가 소 정 든 님 아 ― ―
생 로 병 사 면 할 손 가 ― ―
17
21
mf 사 바 고 행 ― 괴 롬 ― 일 랑 ― 한 강 물 에 ― 띄 우 고 ― ―
부 처 님 이 ― 이 르 ― 시 되 ― 사 대 육 신 ― 허 망 하 여 ―
21
mp 아 아 ― 아 mf 한 강 물 에 ― 띄 우 고 ― ―
사 대 육 신 ― 허 망 하 여 ―
21
mp
mf

25
지 난 날 ㅡ ㅡ 맺 힌 ㅡ 한 ㅡ ㅡ 바 람 결 에 ㅡ 흩 날 리 고 ㅡ
인 연 따 라 ㅡ 태 어 ㅡ 났 다 ㅡ 인 연 따 라 ㅡ 간 다 했 소 ㅡ
25
25
29
ㅡ
ㅡ
mf 지 장 보 살 영 접 받 아
29
mf 지 장 보 살 영 접 받 아
29
f
mf

33
서 방 정 토 왕 생 하 여 ㅡ ㅡ 아 미 타 불 친 히 ㅡ 뵙 고 ㅡ
33
서 방 정 토 왕 생 하 여 ㅡ ㅡ 아 미 타 불 ㅡ 친 히 ㅡ 뵙 고 ㅡ
33
37
부 디 성 ㅡ 불 ㅡ 하 고 ㅡ 지 고 ㅡ mp 아 아 ㅡ 아
37
부 디 성 ㅡ 불 ㅡ 하 고 ㅡ 지 고 ㅡ
37
mp

41
아 ㅡ 아
아 ㅡ 아
mf 부 디 ㅡ 성
불 ㅡ
하 고 지 고 ㅡ ㅡ
45
ㅡ
D.C
C
mf 부 디 성
불
하 고 지 고 ㅡ ㅡ
f 아 아 아
D.C
f

48
48
rit.
3
아 아 아 아 — — 아 —
48
f

붓다

1991년 불교방송의 개국기념 위촉 작품이다. 이 곡은 국악관현악과 합창, 그리고 독창 및 중창 등이 함께 어우러지는 교성곡이다. 1991년 11월 5일 대한민국종교음악제 때 세종문화회관 대강당에서 초연되었다. 연주회에는 60명의 국안관현악단과 200여 명의 합창단, 특별 출연자로서 석상훈 스님 · 김성녀 · 주병선등이 출연하였다.

〈붓다〉는 전통불교음악과 전통음악을 바탕으로 작곡된 새로운 찬불음악이다. 부처님의 일대기를 장편 시로 가사 화 하였고 극적인 요소를 감미한 작곡기법에서 대중들의 관심을 끓었다. 출연진도 합창단을 비롯하여 무용단 그리고 특별출연자들이 대거 출연하여 종합적인 칸타타형식을 갖추고 있어 듣고 보고 느낄 수 있는 총체적 작품이라는 점에서 호평을 받았다. 연주회를 통하여 확인할 수 있었던 중요한 사실은 많은 대중들이 우리적인 새로운 '율' 에 홍미를 갖고 있었다는 점이다.

〈붓다〉의 공연은 전국적으로 확산되어 1992년 4월에는 불교방송개국2주년기념공연으로 서울을 비롯하여 창원 · 부산 · 대구 · 광주 · 전주 등을 순회하면서 공연하였다.

연꽃향기 누리 가득히

작사/ 목 정배
작곡/ 박 범훈

B
mf
아 스 라 ㅡ 이 멀 ㅡ 고 먼
절 로 절 ㅡ 로 석 ㅡ 칼 로
mf
아 스 라 ㅡ 이 멀 ㅡ 고 먼
절 로 절 ㅡ 로 석 ㅡ 칼 로
mf
나 라 ㅡ ㅡ 배 달 겨 ㅡ 레 숨 쉬 는
깎 은 ㅡ ㅡ 팔 만 장 ㅡ 경 뚜 렷 한
나 라 ㅡ ㅡ 배 달 겨 ㅡ 레 숨 쉬 는
깎 은 ㅡ ㅡ 팔 만 장 ㅡ 경 뚜 렷 한

17
조 용 ㅡ 한 나 라 부 처 님 금 빛 얼 굴 ㅡ
부 처 ㅡ 님 말 씀 나 라 를 지 켜 오 는 ㅡ
17
조 용 ㅡ 한 나 라
부 처 ㅡ 님 말 씀
17
21
가 득 히 웃 음 지 어 ㅡ 중 생 ㅡ 에 괴 로 움
굳 건 한 힘 살 되 어 ㅡ 목 탁 ㅡ 에 소 리 가
21
가 득 히 웃 음 지 어 ㅡ 중 생 ㅡ 에 괴 로 움
굳 건 한 힘 살 되 어 ㅡ 목 탁 ㅡ 에 소 리 가
21

25
모 두 ㅡ 다 씻 어 주 는 천 육 백 년 ㅡ
여 기 ㅡ 에 노 래 되 고 천 육 백 년 ㅡ
25
모 두 ㅡ 다 씻 어 주 는 천 육 백
여 기 ㅡ 에 노 래 되 고 천 육 백
25
f
29
ㅡ ㅡ 길 고 긴 ㅡ ㅡ ㅡ ㅡ 연 꽃 향 기
ㅡ ㅡ 길 고 긴 ㅡ ㅡ ㅡ ㅡ 연 꽃 향 기
29
년 ㅡ 길 고 긴 ㅡ ㅡ
년 ㅡ 길 고 긴 ㅡ ㅡ
29

33
누 리 가 득 히 나 라 와 ㅡ ㅡ 겨 레 에
누 리 가 득 히 나 라 의 ㅡ ㅡ 통 일 을
33
나 라 와
나 라 의
33
37
ㅡ ㅡ 복 되 ㅡ 게 ㅡ ㅡ 하 ㅡ 리 ㅡ
ㅡ ㅡ 이 루 ㅡ 려 ㅡ ㅡ 하 ㅡ 네 ㅡ
37
겨 레 에 복 되 ㅡ 게 ㅡ ㅡ 하 리 ㅡ
통 일 을 이 루 ㅡ 려 ㅡ ㅡ 하 네 ㅡ
37

C

D
49
mf 가 만가 ㅡ 만손 ㅡ 으로
mf
53
빗 은 ㅡ ㅡ 흙 ㅡ보 ㅡ 살 금 부 처

57
생 명 ㅡ 을 넣 어
석 굴 암
찬 란 하 게 ㅡ
61
우 람 히
빛 내 어 서 ㅡ
나 라 ㅡ 에 평 안 을
mp
나 라 ㅡ 에 평 안 을

65
다 함 ㅡ 께 염 원 하 는 천 육 백 년 ㅡ
다 함 ㅡ 께 염 원 하 는 천 육 백
f
69
ㅡ ㅡ 길 고 긴 ㅡ ㅡ ㅡ ㅡ 연 꽃 향 기
년 ㅡ 길 고 긴 ㅡ ㅡ

73
누 리 가 득 히 백 성 에 ㅡ ㅡ 설 움 을
73
백 성 에
73
77
ㅡ ㅡ 웃 음 ㅡ 되 게 ㅡ 하 ㅡ 리 ㅡ
77
설 움 을 웃 음 ㅡ 되 게 ㅡ 하 ㅡ 리 ㅡ
77

E
81
85
f

89
89
89
93
D.S
93
D.S
93
D.S
f

연잎 바람

작사/ 목 정배
작곡/ 박 범훈

B
mp 연 잎 ㅡ 사 ㅡ 이 로 ㅡ ㅡ 비 껴 간 ㅡ ㅡ 바 람 ㅡ ㅡ
바 람 ㅡ 사 ㅡ 이 로 ㅡ ㅡ 스 쳐 간 ㅡ ㅡ 빛 살 ㅡ ㅡ
mp
은 ㅡ ㅡ ㅡ ㅡ 어 디 로 ㅡ ㅡ ㅡ
은 ㅡ ㅡ ㅡ ㅡ 누 가 밝 힌 ㅡ ㅡ
mp 어 디 로 ㅡ
누 가 밝 힌

17
흘 — 러 — — — 어 — — 가 없 는 — — —
인 — 등 — — — 일 까 — 아 슴 하 게 — —
21
보 — 살 에 — — 눈 — 빛 — — — — — — — 되 — 랴 —
퍼 져 가 는 — — 새 — 벽 — — — — — — — 이 — 여 —

C
25
ㅡ ㅡ 바 람 에 흩 날 리 는 ㅡ ㅡ 만 다 라 ㅡ ㅡ
mp
바 람 에 흩 날 리 는 ㅡ ㅡ 만 다 라 ㅡ ㅡ
29
꽃 ㅡ ㅡ ㅡ 은 ㅡ ㅡ ㅡ ㅡ 다 비 에
꽃 ㅡ ㅡ ㅡ 은 ㅡ ㅡ ㅡ ㅡ 다 비 에

33
ㅡ ㅡ 춤 ㅡ ㅡ ㅡ ㅡ ㅡ ㅡ 추 고 ㅡ 단 경 에
33
ㅡ ㅡ 춤 ㅡ ㅡ ㅡ ㅡ ㅡ ㅡ 추 고 ㅡ 단 경 에
33
37
ㅡ ㅡ 향 을 사 른 ㅡ ㅡ 한 ㅡ 마 ㅡ 음 ㅡ ㅡ ㅡ ㅡ
37
ㅡ ㅡ 향 을 사 른 ㅡ ㅡ 한 ㅡ 마 ㅡ 음 ㅡ ㅡ ㅡ ㅡ
37

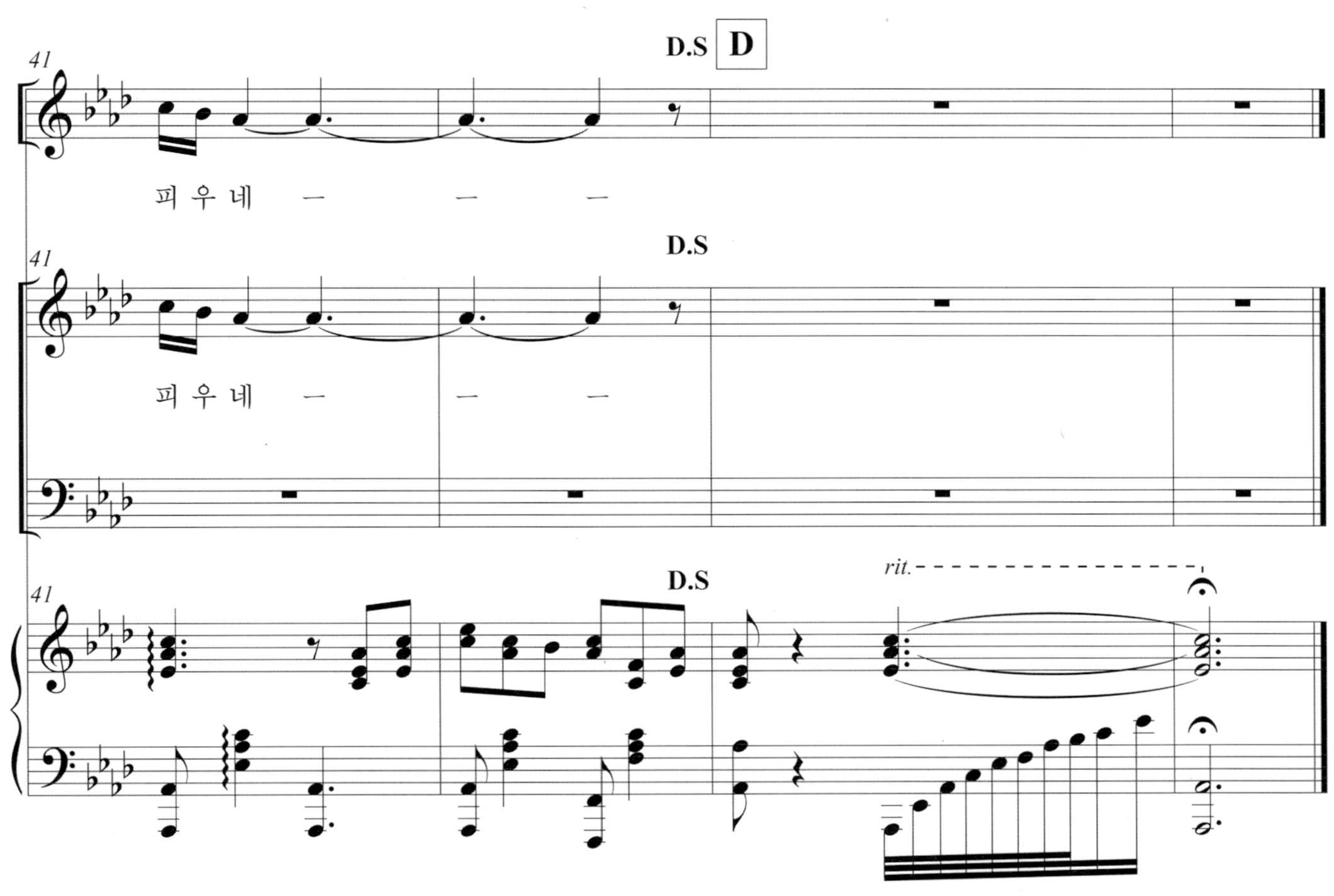
41
D.S
D
피 우 네 — — —
41
D.S
피 우 네 — — —
41
D.S
rit.

거룩한 손

작사/ 목 정배
작곡/ 박 범훈

B
mp 모 래 바 람 이 ㅡ 몰 아 치 는 동 쪽 언 덕 에 하 얀 ㅡ ㅡ 민 들
mp
레 ㅡ ㅡ ㅡ
mf 목 마 름 가 득 히 잎 새 에 올
mp 하 얀 민 들 레

17
라
mp 하 늘 ㅡ 비
기 다 리 는 ㅡ
꿈 을 ㅡ ㅡ 꾸 노 ㅡ
17
mf 아 아 아
하 늘 ㅡ 비
기 다 리 는 ㅡ
17
mf
21
라 ㅡ ㅡ ㅡ
mf 뿌 리 ㅡ 깊 숙 히 적 셔 주 는 ㅡ
21
mf 하 늘 비
기 다 리 는 ㅡ
꿈 을 ㅡ ㅡ
꾸 노 라 ㅡ ㅡ ㅡ
21

25
이 슬 ㅡ 방 울 비 지 금 내 리 면 f 씨 ㅡ 알 의 ㅡ ㅡ 맑 은 눈 ㅡ ㅡ ㅡ
mf
29
mf 해 맑 ㅡ 아 오 ㅡ ㅡ 른 밤 하 늘 ㅡ 안 개 구 름 ㅡ 함 께 살 고 ㅡ 파
mp

33
f 여기 ㅡ살아온모든 ㅡ중생 누가 ㅡ남이랴 우린 ㅡ겨레 ㅡ지 여기 ㅡ살아온모든 ㅡ중생
33
f 우린 ㅡ겨레 ㅡ지
33
mf
37
누가 ㅡ남이 ㅡ랴 우린 ㅡ겨레 ㅡ지 누가 ㅡ남이 ㅡ랴 우린 ㅡ겨레 ㅡ지
37
우린 ㅡ겨레 ㅡ지 우린 ㅡ겨레 ㅡ지
37

a tempo
ff 우 린 ㅡ 겨 레 ㅡ 지 ㅡ
mp 보 살 핌 한 없 이
ff 우 린 ㅡ 겨 레 ㅡ 지 ㅡ
mp 보 살 핌 한 없 이
rit.
f
ff
mp
받 들 어 모 셔 관 음 ㅡ 손 따 뜻 한 자 비
받 들 어 모 셔 관 음 손 따 뜻 한

49
커 가 아 ㅡ ㅡ 리
mf 자 비
커 가 아 ㅡ ㅡ 리
C
53
mf 모 래 바 람 이 ㅡ
몰 아 치는
동 쪽 하 늘 에
하 얀 ㅡ ㅡ 민 들
mp

57
mp 목 마 름 가 득 히 잎 새 에 올
레 ─ ─ ─ mp 하 얀 민 들 레
mp
61
라 하 늘 비 기 다 리 는 ─ 꿈 을 ─ ─ 꾸 노 ─
mf 하 늘 비 기 다 리 는 ─

65
라— — —
mf 뿌리 —깊숙히적셔주는 —
하늘비 기다리는 — 꿈을 — — 꾸노라— — —
69
이슬 —방울비 지금내리면 씨 —알에 — — 맑은눈 — — —

73
해 맑 ㅡ 아 오 ㅡ ㅡ 른 밤 하 늘 ㅡ 안 개 구 름 ㅡ 함 께 살 고 ㅡ 파
73
73
77
mf 보 시 회 향 이 노 래 ㅡ 되 어 사 바 괴 로 움 ㅡ 맑 게 ㅡ 씻 으 면 ㅡ
77
77
mf

80
보 ㅡ살에ㅡ ㅡ 바 라 밀ㅡ ㅡ ㅡ mp 극 락 신 되 어
80
보 살 에 바 라 밀
80
mp
83
중 생의번뇌를 열 반 케 하 리 ㅡ ㅡ mf 여 기 ㅡ 살 아 온 모 든 ㅡ 중 생
83
mf 여 기 ㅡ 살 아 온 모 든 ㅡ 중 생
83
mf

86
누가 ㅡ 남이 ㅡ 랴
우린 ㅡ 겨레 ㅡ 지
여기 ㅡ 살아온모든 ㅡ 중생
86
누가 ㅡ 남이 ㅡ 랴
우린 ㅡ 겨레 ㅡ 지
여기 ㅡ 살아온모든 ㅡ 중생
86
89
누가 ㅡ 남이 ㅡ 랴
우린 ㅡ 겨레 ㅡ 지
누가 ㅡ 남이 ㅡ 랴
89
누가 ㅡ 남이 ㅡ 랴
우린 ㅡ 겨레 ㅡ 지
누가 ㅡ 남이 ㅡ 랴
89

92
f 우 린 ㅡ 겨 레 ㅡ 지
92
f 우 린 ㅡ 겨 레 ㅡ 지
92
rit.
f
ff
a tempo
mp
95
mp 보 살 핌
한 없 이
받 들 어 모 셔
관 음 ㅡ 손
95
mp 관 음 손
95

99
따 뜻 한
자 비
커
가 아 ㅡ ㅡ 리
99
따 뜻 한
mf 자 비
99
mf
103
103
rit.
f 커
가
아 ㅡ ㅡ
리
103
rit.
f

목탁새

작사/ 정 다운
작곡/ 박 범훈

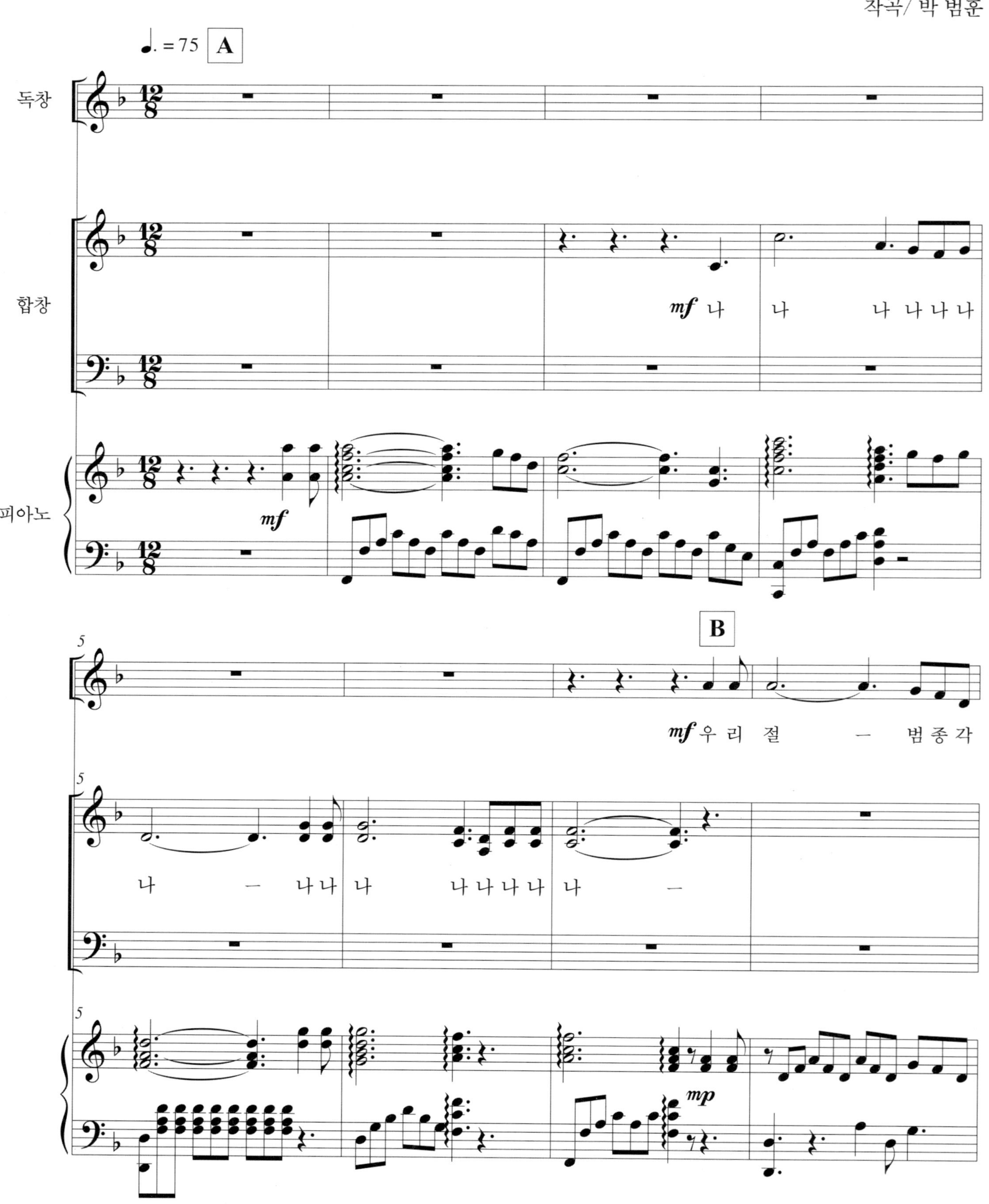

9
에 ㅡ 목 을 매 단 빈 목 탁 에 ㅡ 철 따 라 ㅡ 날 아 와
13
서 ㅡ 둥 지 트 는 목 탁 새 야 ㅡ 백 팔 번 뇌 물 어 다

17
가 ㅡ 쪼 고 쪼 아 만 든 염 주 ㅡ 미 륵 석 불 ㅡ 어 깨 위
21
에 ㅡ 님 의 얼 ㅡ 굴 로 올 려 놓 고 ㅡ 천 염 주 쥐 고 앉

아 ㅡ 소 원 푸 는 목 탁 새 야 ㅡ 돈 아 라 ㅡ 날 개
돈 아 라 ㅡ 날 개
mf
야 ㅡ 나 도 한 번 날 아 보 자 ㅡ 돈 아 라 ㅡ 날 개
야 ㅡ 나 도 한 번 날 아 보 자 ㅡ 돈 아 라 ㅡ 날 개

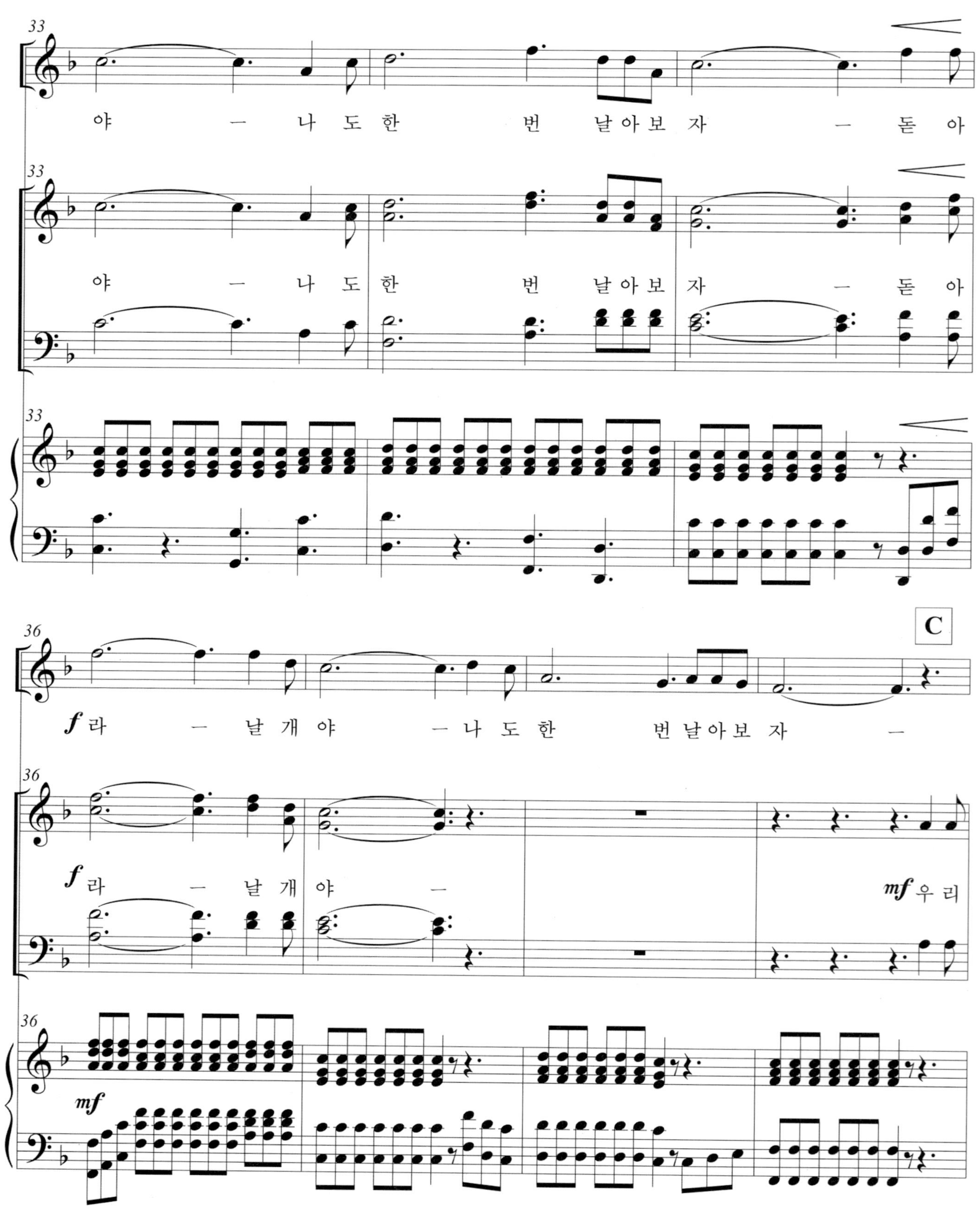
33
야 ㅡ 나 도 한 번 날 아 보 자 ㅡ 돋 아
33
야 ㅡ 나 도 한 번 날 아 보 자 ㅡ 돋 아
33
36
C
f 라 ㅡ 날 개 야 ㅡ 나 도 한 번 날 아 보 자 ㅡ
36
f 라 ㅡ 날 개 야 ㅡ
mf 우 리
36
mf

40
절 ㅡ 법당아 래 ㅡ 명줄 잇 는 장명등 에 ㅡ 불빛으
mp
44
mf 세 상
로 ㅡ 담겨와 서 ㅡ 밤을 새 는 목탁새 야 ㅡ

48
만 사 무거운 짐 ー 풀고 풀 어 하는합 장 ー 부 처
mp
52
mf 님 ー 무릎위 에 ー 빈 마 음 ー 만 올려놓 고 ー 천
mf

56
염 주 움 켜 쥐 고 ㅡ 소 원 푸 는 염 불 소 리 ㅡ 돋 아
56
돋 아
56
60
라 ㅡ 날 개 야 ㅡ 나 도 한 번 날 아 보
60
라 ㅡ 날 개 야 ㅡ 나 도 한 번 날 아 보
60

63
자 — 돋아라 — 날개야 — 나도한 번날아보
63
자 — 돋아라 — 날개야 — 나도한 번날아보
63
67
자 — 돋아라 — 날개야 — 나도한 번날아보
67
자 — 돋아라 — 날개야 —
67

71
자 ㅡ 나 도 한 번 날 아 보 자 ㅡ
71
나 도 한 번 날 아 보 자
71

길

작사/ 석 성일
작곡/ 박 범훈

당신이가고 — 또내가가—고 — 그들이오고 — 저들이오고 —
mf 당신이가고 mp 또내가가고 mf 그들이오고 저들이오고
mf
당신이오고또내가온다 — 그리고 — 가지도 — 오지도 — f 머물지도않—는
당신이오고또내가온다 —
mp mf

C
합창 (소프라노)
그들이있고 저들이있고 당신이있고 또내가있다
mf 그들이가고
합창 (메조, 알토)
mf 그들이가고
합창 (테너, 베이스)
f
mf
저들이가고 당신이가고 또내가가—고 mf 그들이오고
mp 저들이가고 mf 당신이가고 mp 또내가가고 mf 그들이오고

(독창)
저들이오고 ㅡ 당신이오고또내가온다 ㅡ 그리고 ㅡ 가지도 ㅡ
mf 저들이오고 당신이오고또내가온다
mf
오지도 ㅡ f 머물지도않ㅡ는 ㅡ 그들이있고 저들이있고 당신이있고 또내가있다 ㅡ
D.S
D.S
f
D.S

D
rit.
33
f 아
아 — — — 아
아 아 아

보현행원송

〈붓다〉의 연주가 성공적으로 끝나자 두 번째로 〈보현행원송〉을 작곡하여 1992년 4월 2일 세종문화회관에서 연주하였다. 〈보현행원송〉은 불광사 주지스님이셨던 고광덕高光德큰스님께 작사를 받아 작곡하였다. 약 1시간 40분 정도 되는 대합창곡이다. 〈보현행원송〉을 작사한 광덕큰스님은 불교음악의 중요성을 강조한 스님으로서 일찍부터 찬불가 작사에 관여해 왔으며, 많은 찬불가 작품을 남겼다. 광덕스님의 찬불가운동에 관한 내용은 다음 기회에 별고를 통하여 상세히 밝히기로 하고, 본 항목에서는 교성곡과 관련된 작품에 한하여 언급하고자 한다. 〈보현행원송〉은 〈붓다〉와 같은 형식으로 작곡되었으나 연주에 있어서 많은 차이를 보였다. 먼저 연주에 참여한 합창단원 500명이 대부분 불광사 신도들이었다는 점이다. 비전공자들이 처음 대하는 국악교성곡 연습에 2개월 이상 열심히 임하는 모습에서 국악교성곡에 대한 남다른 관심을 확인할 수 있었고 합창에 참여한 단원 모두가 국악풍의 선율에 만족하고 있음을 확인할 수 있었다. 〈보현행원송〉 공연에 관해서는 『불광佛光』 1999년 4월호 "묘성불妙聲佛 광덕 큰스님" 난에 상세하게 소개되어 있다.

오계의 노래

작사/ 광 덕
작곡/ 박 범훈

mf 모 든 ─ 생 명 존 중 하 고 죽 이 지 않 으 오 리
부 처 님 전 목 숨 바 쳐 맹 세 하 옵 니 다
아 낌 없 이 베 풀 ─ 고 훔 치 지 않 으 오 리
mf 모 든 ─ 생 명 존 중 하 고 죽 이 지 않 으 오 리

17
청 정 ㅡ 심 을 행 하 고 삿 된 음 행 ㅡ 않 으 오 리 ㅡ
17
아 낌 없 이 베 풀 ㅡ 고 훔 치 지 않 으 오 리
17
21
진 실 을 말 하 고 망 어 를 않 으 오 리
21
청 정 ㅡ 심 을 행 하 고 삿 된 음 행 ㅡ 않 으 오 리 ㅡ
21

25
정 념 ㅡ 을 지 키 고 술 취 하 지 않 으 오 리
25
진 실 을 말 하 고 망 어 를 않 으 오 리
25
29
f 아 아 아 ㅡ
29
정 념 ㅡ 을 지 키 고 술 취 하 지 않 으 오 리 f 아 아 아 ㅡ
29

33
아 아 ㅡ
아
아 ㅡ ㅡ 아
mf 부 처 ㅡ 님 전 목 숨 바 쳐
33
아 아
아
아 ㅡ ㅡ 아
mf 부 처 ㅡ 님 전 목 숨 바 쳐
33
mf
37
맹 세 하 옵 니 다
부 처 님 전 목 숨 바 쳐
맹 세 하 옵 니 다
ㅡ
37
맹 세 하 옵 니 다
부 처 님 전 목 숨 바 쳐
맹 세 하 옵 니 다
ㅡ
37

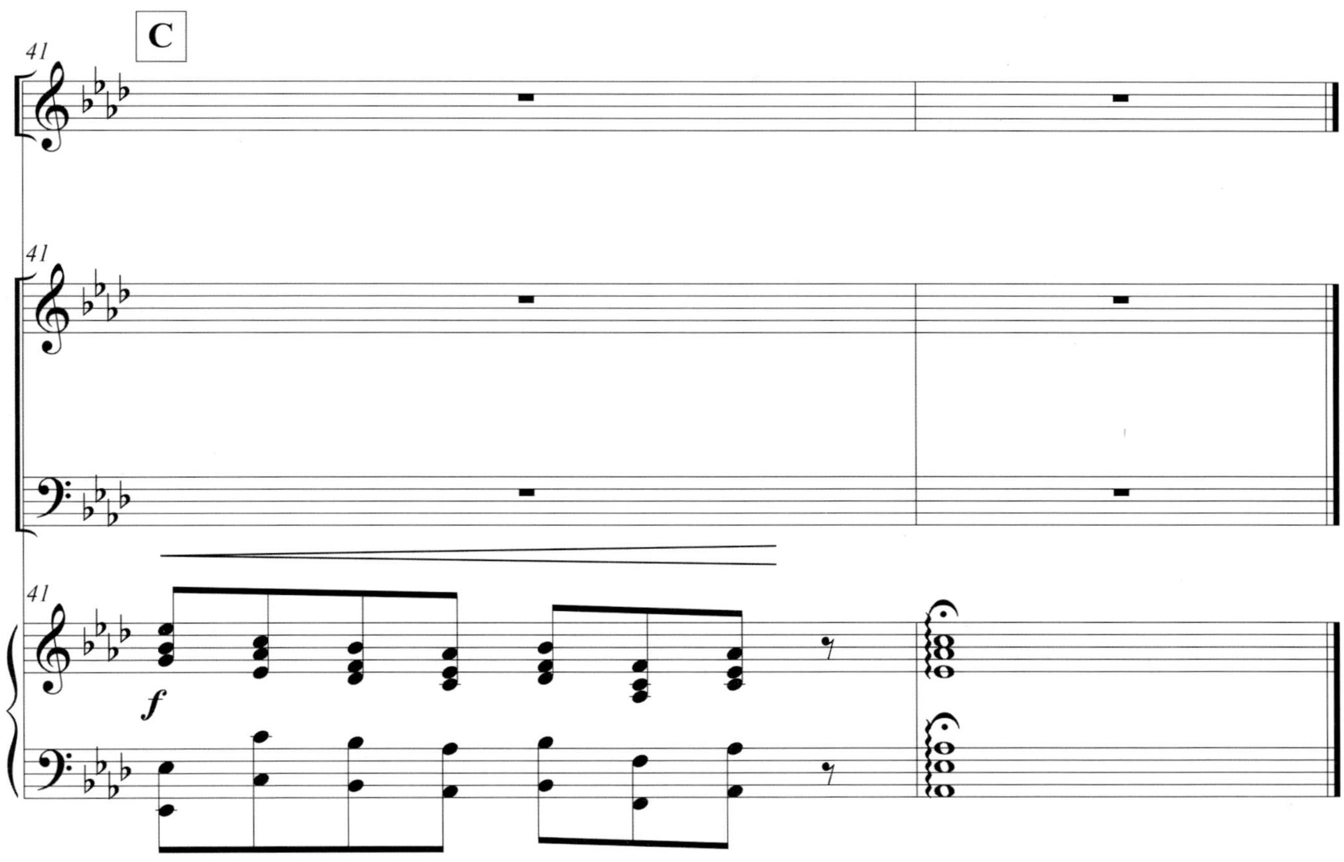
C
41
41
41
f

경허 · 만공스님

작사/ 반 영규
작곡/ 박 범훈

B
mf 불 세존 쌍림에서 열 반 보 — 시고
mf 불 세존 쌍림에서 열 반 보 — 시고
mf
천 년천 년 — 또 천 — 년 시 공 — 을 넘 — 어
천 년천 년 — 또 천 — 년 시 공 — 을 넘 — 어

해 동 국 의 한 줄 기 광 명 비 추 시 니
해 동 국 의 한 줄 기 광 명 비 추 시 니
법 등 밝 힌 경 허 ㅡ 만 공 대 선 사 ㅡ ㅡ
경 허 ㅡ

25
ㅡ 불 혜 명을 이 ㅡ 어
25
만 공 대 선 사 ㅡ ㅡ 불 혜 명을 이 ㅡ 어
25
29
선 ㅡ 풍을 드 날 리 어 배 달 의 땅 ㅡ 에 ㅡ
29
선 ㅡ 풍을 드 날 리 어 배 달 의 땅 ㅡ 에 ㅡ
29

33
우 담바 ㅡ 라 만 발했 ㅡ네 ㅡ ㅡ
33
우 담바 ㅡ 라 만 발했 ㅡ네 ㅡ ㅡ
33
37
C
mf 경 허선 사 ㅡ 가 ㅡ 신지 어 언 백 ㅡ 여년
37
37
mp

41
덧 一 없 一 는 세 一 월 강 물 처 一 럼 흘렀건 만
45
서 릿 발 같 은 선 지 와 오 묘 한 도 一 一 리

49
새 벽 녘 에 샛 별 처 럼 ㅡ 사 바 비 추 니 ㅡ ㅡ
49
f 샛 별 처 럼 ㅡ
49
53
ㅡ f 후 학 ㅡ 들 가 슴 에
53
사 바 비 추 니 ㅡ ㅡ
53

57
천 둥으 ㅡ 로 울 리네 어 이 ㅡ잊 으 랴 ㅡ
D
61
선 지식 ㅡ 의 높 은은 ㅡ덕
f
아 아ㅡㅡ 아 아ㅡㅡ
mf

65
mf 불 혜 명을 이 ㅡ 어
65
아 ㅡ 경허스님 mf 불 혜 명을 이 ㅡ 어
65
69
선 ㅡ 풍을 날리셨네 ㅡ ㅡ
69
선 ㅡ 풍을 날리셨네 ㅡ ㅡ
69

E
mf 나 라 잃 은 ㅡ 사 ㅡ 바 에 빛 으 로 오 ㅡ 시 어
법 등 잇 ㅡ ㅡ 고 불 법 전 통 ㅡ 지 키 ㅡ ㅡ 시 ㅡ 고

81
형 형한
법 등으로 ㅡ
후 학을
이 끄 시 니
85
오 늘 도 ㅡ
그 선풍
시 방에
두 루 하 네

89
선 사 의 크 신 서 원 을
89
시 방 에
두 루 하 네
선 사 의 크 신 서 원 을
89
93
마 ㅡ 음 에
새 ㅡ ㅡ 겨
만 공 탑 을 우 러 러 ㅡ
93
마 ㅡ 음 에
새 ㅡ ㅡ 겨
만 공 탑 을 우 러 러 ㅡ
93

97
선 덕 ㅡ 을 기 ㅡ 리 ㅡ 네 ㅡ ㅡ
97
선 덕 ㅡ 을 기 ㅡ 리 ㅡ 네 ㅡ ㅡ
97
101
F
mf 반 만 년 배 달 의 땅 동 방 의 ㅡ ㅡ 빛
101
101
mf

105
면 ㅡ 면 히 ㅡ ㅡ 이 어온 선 가 ㅡ 의 전 ㅡ 통
105
105
109
성 성 한 선 지식 의 ㅡ 가 르 침 으 ㅡ ㅡ 로
109
109

113
마 음 속 ㅡ 불 성 이
눈 을뜨 는날
ㅡ ㅡ
불 성 이
117
ㅡ
해 동 ㅡ 국
대 한 이
눈 을뜨 는날
ㅡ ㅡ

121
불 ㅡ 국 토 되 ㅡ ㅡ 어 장 차 는 사 해 에 ㅡ
G
125
빛 이 ㅡ ㅡ 되 ㅡ 리 ㅡ 라 아 ㅡ 경 허 스 님
아 경 허 스 님

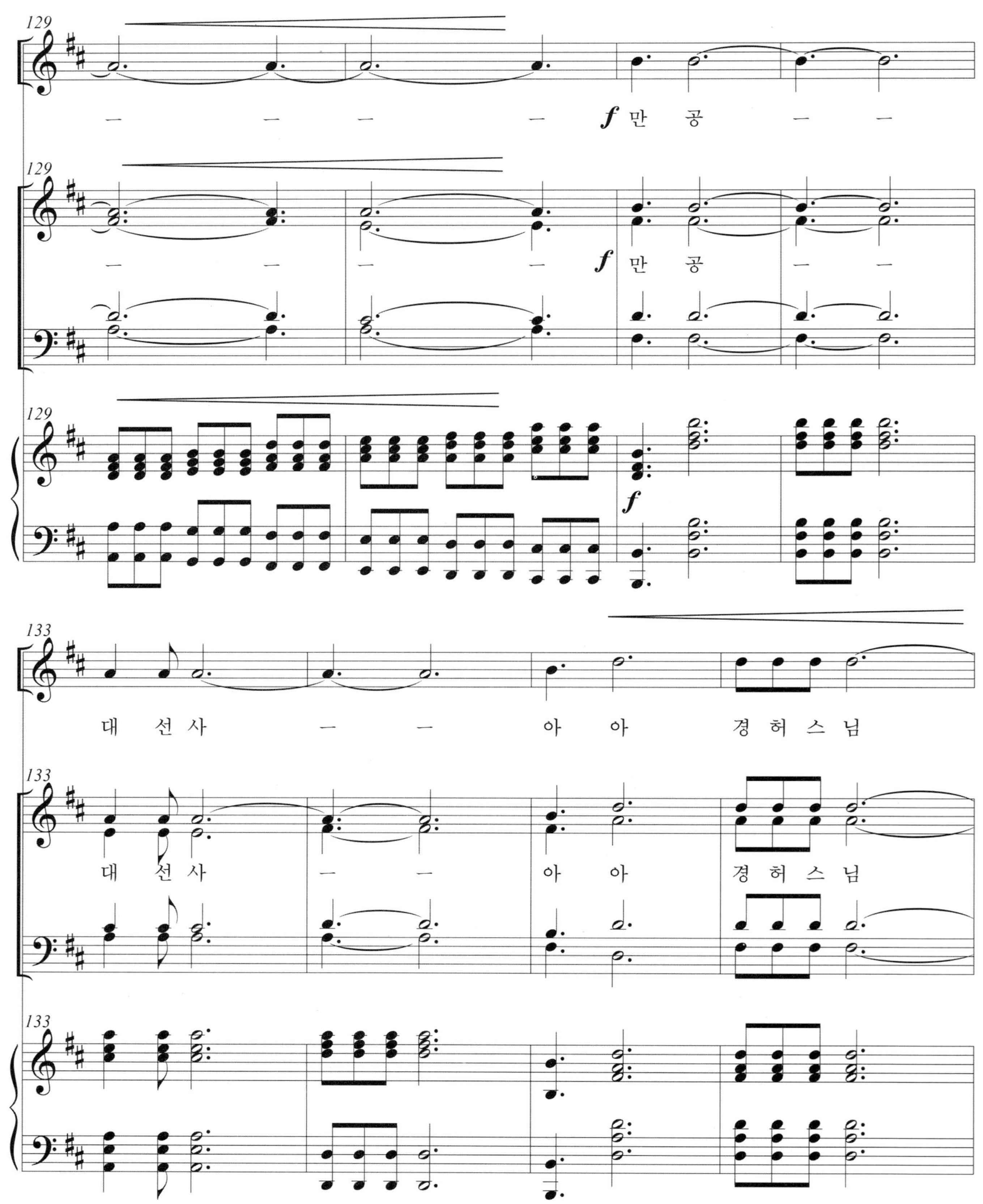

129
ㅡ ㅡ ㅡ ㅡ f 만 공 ㅡ ㅡ
129
ㅡ ㅡ ㅡ ㅡ f 만 공 ㅡ ㅡ
129
f
133
대 선 사 ㅡ ㅡ 아 아 경 허 스 님
133
대 선 사 ㅡ ㅡ 아 아 경 허 스 님
133

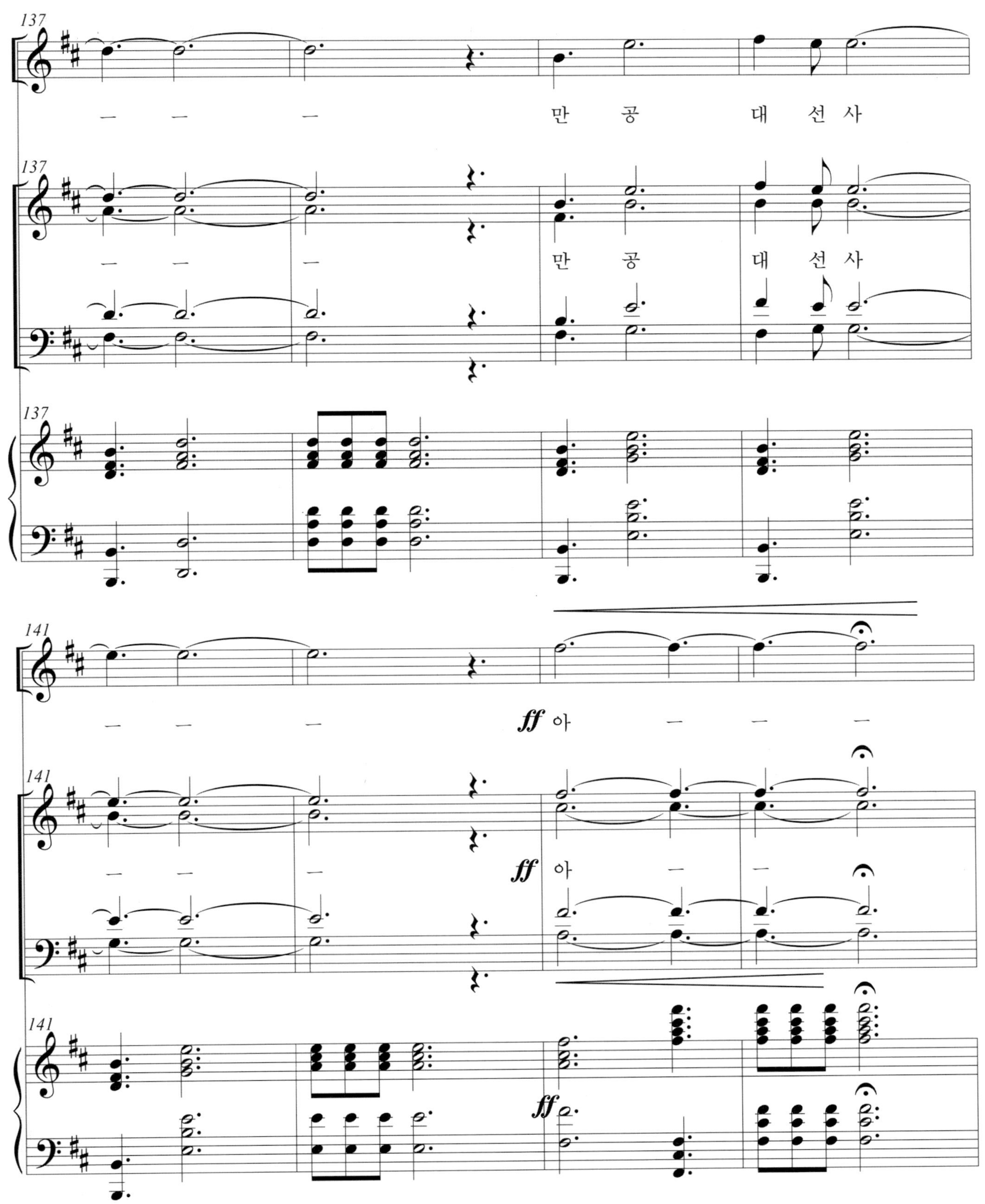
137
만 공 대 선 사
137
만 공 대 선 사
137
141
ff 아
141
ff 아
141
ff

145
만 공 대 선 사
145
만 공 대 선 사
a tempo
145
148
a tempo
148
148

부모은중송

〈부모은중송〉은 〈보현행원송〉에 이어 광덕스님께 작사를 받아 작곡한 곡이다. 1996년 5월 11~12일에 국립국악관현악단 제4회 정기연주회 작품으로 연주되었다. 이 곡은 〈보현행원송〉에 이어 세 번째로 작곡된 국악교성곡이다. 연주에는 중앙불교합창단과 불광사합창단 그리고 각 사찰에서 선발된 연합합창단이 출연하였다. 그리고 독창에는 안숙선 · 김성녀 · 김영임 · 도신스님 등이 출연하였다.

〈부모은중송〉은 작곡위촉을 받고 3년이 지난 후에야 완성되었다. 그 이유는〈보현행원송〉 작곡 직후에 또 다른 교성곡을 작곡해야 한다는 부담 때문이었다.

〈부모은중송〉은 보다 전통음악적으로 작곡되었다. 이 곡의 독창부분은 회심곡풍의 선율과 남도계면조풍의 가락이 중심을 이루고 있으며, 합창이 극적내용을 이끌고 있는 것이 특징이다.

보리 이루리

작사/ 반 영규
작곡/ 박 범훈

B
mp 얼 어붙은 ㅡ 산과들에 새 봄이 피 ㅡ 듯
mp
ㅡ 찌 들은 지난세월
mp 새 봄 이 피 ㅡ 듯
mp

흘 려 보 내 고 mf 양 지 쪽 화 사 한 진 달 래 처 럼 —
mf 양 지 쪽 화 사 한 진 달 래
— mp 새 롭 고 밝 은 마 음 보 디 스
처 럼 —

25
바 ㅡ 하
ㅡ
mp
보 디스
바 하
mf
아 ㅡ
mp
29
아 ㅡ ㅡ 아
아 아
아 ㅡ ㅡ
mf
양 지 쪽 화 사 한 진 달 래
mf

33
처 럼 ㅡ
새 롭 고
밝 은 마 음
보 디 스
37
C
mf 얼 어 붙 은 ㅡ
산 과 들 에
mp 바 ㅡ 하
ㅡ
mp

41
새 봄 이
피 ㅡ 듯
ㅡ
41
mp
새 봄 이
피 ㅡ 듯
41
45
찌 들은
지 난 세 월
흘 려
보 내 고
45
45

49
mf 양 지 쪽 화 사 한 진 달 래 처 럼 ㅡ
새 롭 고
49
mf 양 지 쪽 화 사 한 진 달 래 처 럼 ㅡ
49
mf
53
밝 은 마 음
mp 보 디 스
바 ㅡ 하
53
mp 보 디 스
53
mp

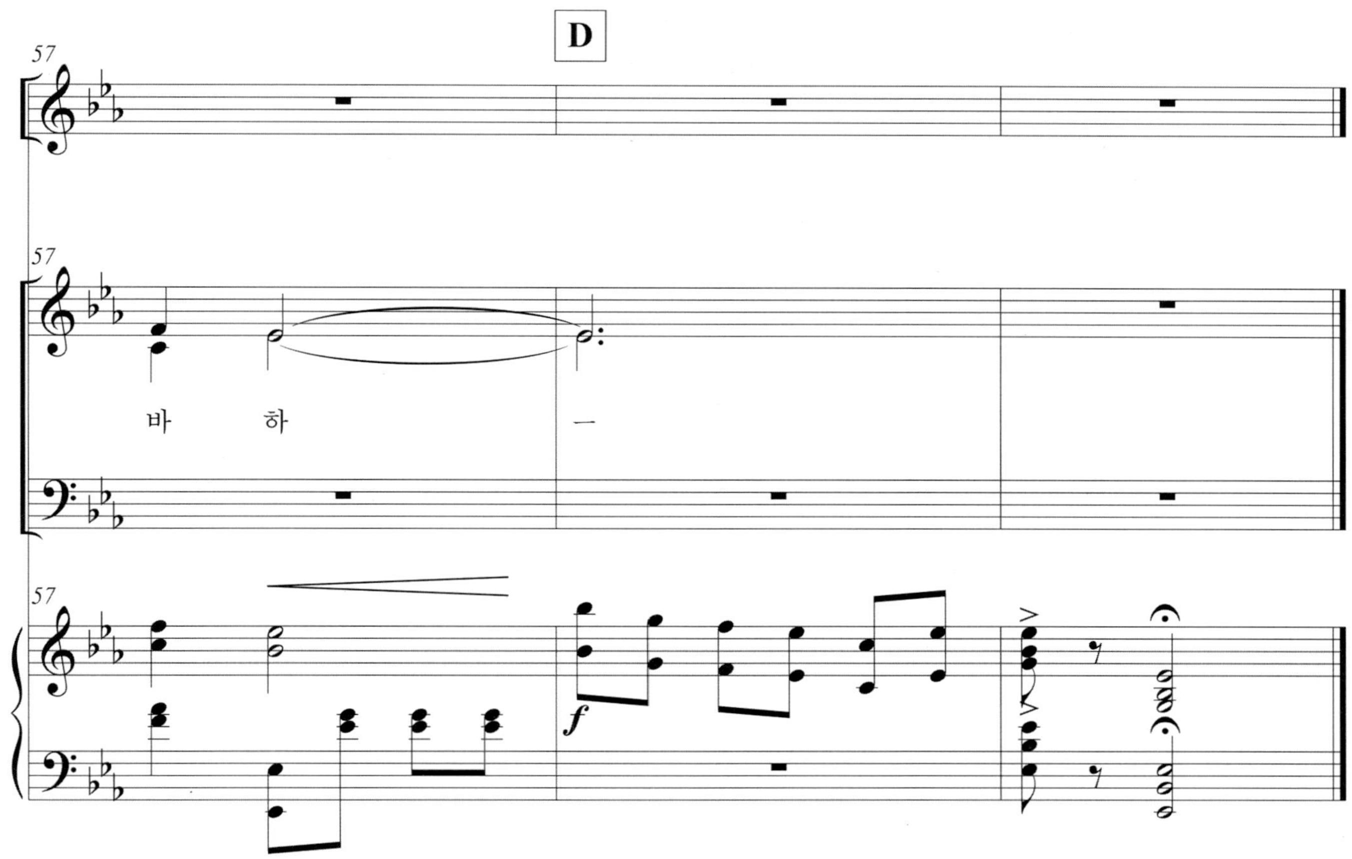
D
57
바
하
ㅡ
f

꽃을 바치나이다

작사/ 고 은
작곡/ 박 범훈

B
mf 꽃 을 ㅡ
mf 꽃 을
바 치나 이 다 ㅡ
꽃 을 ㅡ
바 치나 이 다
꽃 을

17
바 치나이다 ㅡ
님 께 바칠 것은ㅡ
17
바 치나이다
17
21
피어서지는꽃이 나이다ㅡ
아름다우나 이윽고 지는ㅡ ㅡ
21
21

꽃 이랍니다 ㅡ mp 바야흐로ㅡ 이슬이 내려ㅡ
꽃 이랍니다 mp 바야흐로ㅡ 이슬이 내려ㅡ
꽃은 아름답 고 이 때밖에 없습 니다 꽃을ㅡ
꽃은 아름답 고 이 때밖에 없습 니다 꽃을ㅡ

33
바 치나이다 ㅡ
mf 오 래 오 래
33
바 치나이다
mf 오 래 오 래
33
mf
37
피는것 보 다
f 님 께 바칠 것은ㅡ ㅡ
37
피는것 보 다
37

ㅡ
mf 피 어 서 ㅡ
피 어 서 지 는 ㅡ ㅡ
f 님 께 바 칠 것 은 ㅡ
mf 피 어 서
ㅡ
피 어 서
C
(시낭송) 꽃 을
꽃 이랍 니 다 ㅡ
지 는 ㅡ ㅡ
꽃 이 랍 니 다 mp 우 우
우 ㅡ

49
바치나이다
꽃을
우 ㅡ우 ㅡ 우
우 ㅡ우 ㅡ 우
우 우
우
53
바치나이다
님께 바칠것은
우 ㅡ우 ㅡ 우
우 ㅡ우 ㅡ 우
우 우 우 ㅡ
우 ㅡ ㅡ

57
피어서 지는 꽃이나이다
아름다우나
우 우 ─ 우 ─ 우 ─ ─ 우 ─ 우 ─ 우 우 우 ─ ─
61
이슥고 지는 꽃이랍니다.
mp 바 야 흐 로 ─ 이슬이 내 려 ─
우 ─ 우 ─ 우
우 ─ 우 ─ 우
mp 바 야 흐 로 ─ 이슬이 내 려 ─
p

65
꽃 은 아 름 답 고 이 때밖 에 없 습 니 다 꽃 을 ㅡ
65
꽃 은 아 름 답 고 이 때밖 에 없 습 니 다 꽃 을 ㅡ
65
69
바 치 나 이 다 ㅡ mf 오 래 오 래
69
바 치 나 이 다 mf 오 래 오 래
69
mf

피 는 것 보 다
f 님 께 바 칠 것 은 ㅡ
피 는 것 보 다
ㅡ
피 어 서 ㅡ
피 어 서 지 는 ㅡ ㅡ
f 님 께 받 칠 것 은 ㅡ
피 어 서
ㅡ
피 어 서

81
D
mp 꽃 이랍 니 다 ㅡ
81
지 는 ㅡ ㅡ
mp 꽃 이랍 니 다
우 우 우 ㅡ
81
mp
85
85
rit.
우 ㅡ 우 ㅡ 우
우 ㅡ 우 ㅡ 우
85
rit.

용성

1998년 4월 23~25일 국립극장 대극장에서 국립국악관현악단 제12회 정기연주회에 공연된 작품이다. 이곡은 찬불가의 창시자로 알려진 백용성 스님의 찬불가운동에 관한 논문을 쓰면서 스님의 일대기를 작곡하게 된 것이다. 한보광 스님의 기획과 용성의 불사를 이어가고 있는 임도문 스님(대각사 · 대성사 조실)의 원작, 그리고 목정배 선생의 작시로 작곡하였다. 연주회와 함께 극장 현관에서는 필자가 김정묵의 『찬불가』 악보집 처음 발견한 백용성의 찬불가 악보 5곡이 전시되었다.

안국선원가

작사/ 수 불
작곡/ 박 범훈

B
mf 둥 글 고 밝 은 해 가 온 누 리 를 밝 — 히 듯
참 마 음 맑 은 기 운 사 바 세 계 밝 — 히 듯
mf 둥 글 고 밝 은 해 가 온 누 리 를 밝 — 히 듯
참 마 음 맑 은 기 운 사 바 세 계 밝 — 히 듯
mf
안 국 선 원 지 혜 의 등 불 보 리 심 을 내 게 한 다 네
안 국 선 원 지 혜 의 등 불 보 리 심 을 내 게 한 다 네

17
ㅡ
오
오 오 ㅡ
17
보 리 심 을 내 게 한 다 네
오
오 오 ㅡ
17
21
정 진 하 는 도 반 들 이 여
끝 없 는
보 살 의 길 로
한 없 이
시 원 한 공 부
21
정 진 하 는 도 반 들 이 여
끝 없 는
보 살 의 길 로
한 없 이
시 원 한 공 부
21

25
위 없는 거 룩 한 빛 을 미 래 제 가 다 하 — 도 록
일 없는 도 인 의 길 을 이 마 음 — 다 하 — 도 록
25
위 없는 거 룩 한 빛 을 미 래 제 가 다 하 — 도 록
일 없는 도 인 의 길 을 이 마 음 — 다 하 — 도 록
25
29
우 리 함 께 밝 혀 나 가 세 mp 오 오 오 —
29
우 리 함 께 밝 혀 나 가 세 mp 오 오 오 —
29
mp

33
mf 안 국 선 원 —
f 안 국 선 원 —
mf 안 국 선 원
f 안 국 선 원
mf
f
37
D.C
mf 우 리 함 께 밝 혀 나 가 세 —
mf 우 리 함 께 밝 혀 나 가 세 우 리 함 께 밝 혀 나 가 세
mf

C
41
41
41
f

오실이 가실이

작사/ 원 경
작곡/ 박 범훈

B
mp 올 것은오고ㅡ ㅡ
갈 것은가 리 라
ㅡ
꽃 피는봄은ㅡ ㅡ
굳이ㅡ ㅡ
부 르 지 않 아 도

13
때 되 면 절 로 찾 아 오 는 것 처 럼
잎 지 는 가 을 은 ㅡ
16
굳 이 ㅡ ㅡ
보 내 지 아 니 하 여 도 ㅡ
mf 보 내 지 아 니 하 여 도 ㅡ

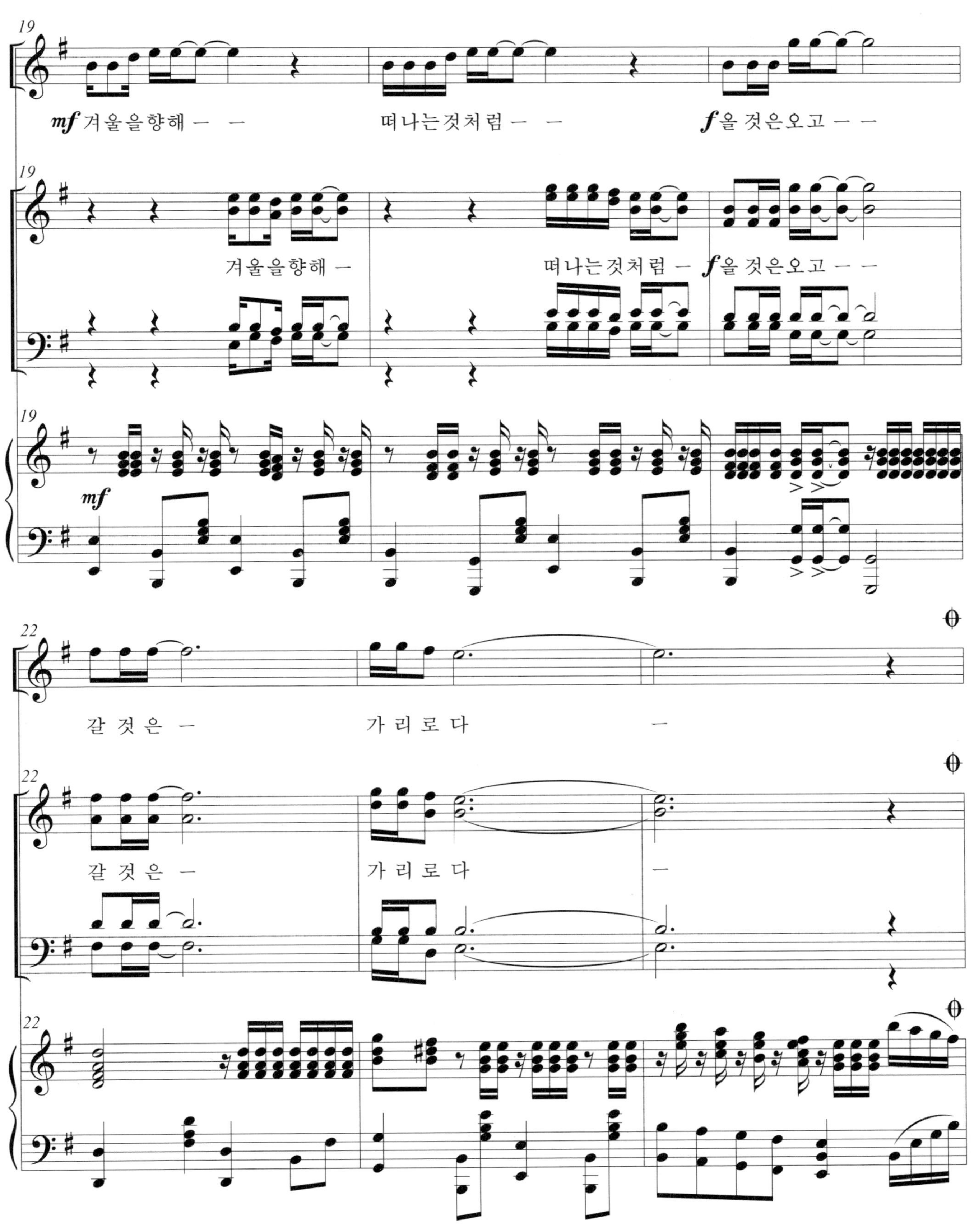
19
mf 겨울을향해ㅡ ㅡ
떠나는것처럼ㅡ ㅡ
f 올 것은오고ㅡ ㅡ
19
겨울을향해ㅡ
떠나는것처럼ㅡ
f 올 것은오고ㅡ ㅡ
19
mf
22
갈 것은 ㅡ
가 리 로 다
ㅡ
22
갈 것은 ㅡ
가 리 로 다
ㅡ
22

C
mp 오 실 이 는 오 고 ー ー 가 실 이 는 가 시 리 라 ー
mp 가 실 이 는 가 시 리 라 ー
mp
나 홀 로 여 기 ー ー 서 있음 에 불 어 오 는 바 람 ー 스 스 로 불 어 오

31
고 떠나는 바람ㅡㅡ 스스로ㅡ ㅡ
34
스스로 ㅡ 떠나가 듯 mf 때가 되면ㅡ ㅡ
mf

37
때가되면ㅡ ㅡ
f 오실이는오고ㅡㅡ
가실이는ㅡ
f 오실이는오고ㅡㅡ
가실이는ㅡ
f
D.C
40
갈 것이로다 ㅡ ㅡ
D.C
갈 것이로다 ㅡ ㅡ
D.C
f

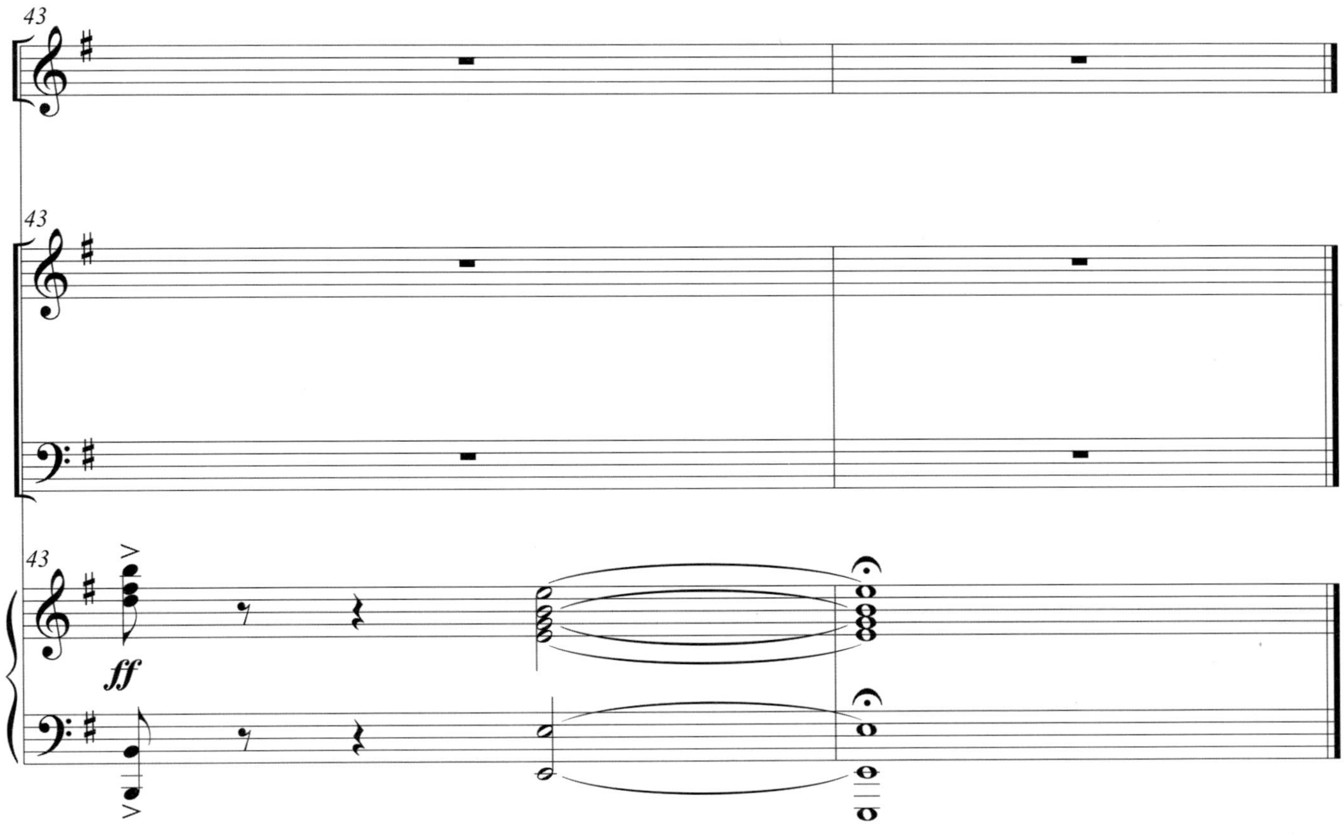
43
43
43
ff

니르바나

작사/ 정 다운
작곡/ 박 범훈

숨소리는바 ㅡ람되고
중생의옷 을벗어 산천초목에 걸어놓
고
mf 마음하나 ㅡ 챙겨들고 저승으로 ㅡ
mf

17
오 ㅡ ㅡ ㅡ 가 려 는 데 ㅡ mp 이 승 에 서 얻 은 것 은 ㅡ ㅡ
mp 이 승 에 서 얻 은 것 은 ㅡ ㅡ
mp
21
이 승 에 다 남 겨 두 고 ㅡ ㅡ 명 줄 하 나 ㅡ 챙 겨 들 고 저 승 으 로 ㅡ 오 ㅡ ㅡ ㅡ
이 승 에 다 남 겨 두 고 ㅡ ㅡ 명 줄 하 나 ㅡ 챙 겨 들 고 저 승 으 로 ㅡ 오 ㅡ ㅡ ㅡ

25
가 려 는 데 ㅡ
생 사 경 계 놓 지 못 하 는 그 대 는 ㅡ 누 구 인
가 려 는 데 ㅡ
29
가
mf 중 생 이 여 ㅡ ㅡ
어 ㅡ ㅡ ㅡ
통 곡 하 라 ㅡ ㅡ
mf 중 생 이 여 ㅡ ㅡ
어 ㅡ ㅡ ㅡ
통 곡 하 라 ㅡ ㅡ
mf

33
D.C
듣 는 영 혼 ㅡ 깨 어 ㅡ ㅡ ㅡ 나 ㅡ 리 ㅡ ㅡ
33
D.C
듣 는 영 혼 ㅡ 깨 어 ㅡ ㅡ ㅡ 나 ㅡ 리 ㅡ ㅡ
2nd time only
rit.
33
D.C
37
C
37
37
ff

진감

2000년 국립국악관현악단 제 18회 정기연주회의 작품으로서 국립중앙극장 대극장에서 연주 되었다. 국립국악관현악단과 국립창극단, 국립무용단, 그리고 연합불교합창단이 출연하였다. 이작품은 필자가 불교음악을 연구하면서 진감선사에 대한 일대기를 자진해서 작곡하였다. 진감선사께서 830년 당나라에서 유학을 마치고 옥천사(하동 쌍계사)에서 최초로 범패를 가르친 기록이 전하고 있어 불교음악의 효시로 보고 있기 때문이다. 목정배 교수님께 작사를 의뢰하여 교성곡풍에 극적인 요소를 감미하여 작곡한 곡이다. 당시 국립창극단 왕기철 명창이 진감선사의 역을 맡아 출연하였다.

산사의 봄

작사/ 정 다운
작곡/ 박 범훈

B
mf
산 사 에 함 께 사 는 나 무 들 가 지 마 다
산 사 에 발 을 내 린 장 명 등 불 빛 따 라
mp
이 슬 방 울 끌 어 안 고 범 종 소 리 ㅡ 담 고 있 네
어 둠 한 발 밀 어 내 고 전 불 심 등 ㅡ 불 댕 기 네

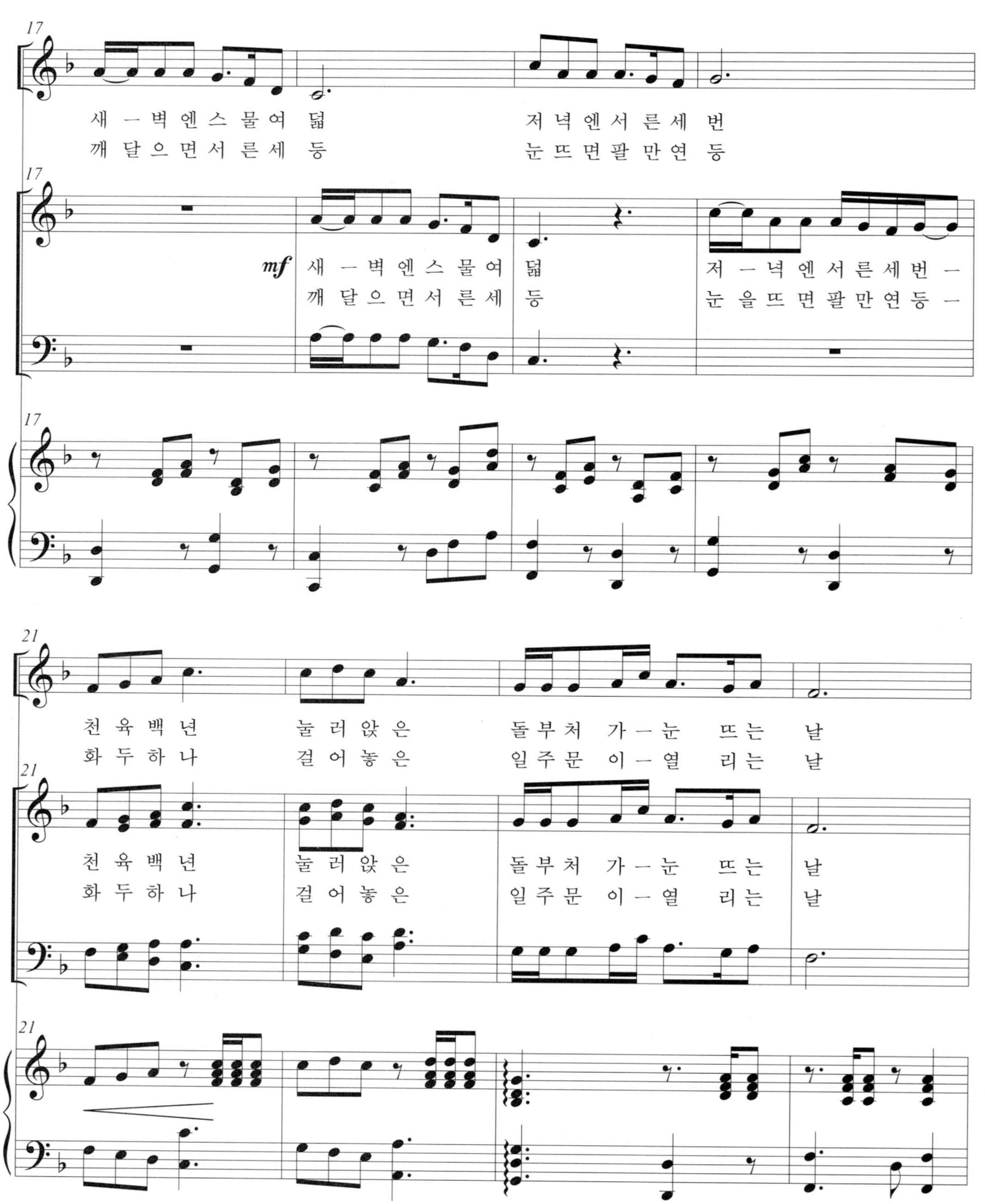
17
새 — 벽 엔 스 물 여 덟 저 녁 엔 서 른 세 번
깨 달 으 면 서 른 세 등 눈 뜨 면 팔 만 연 등
17
mf
새 — 벽 엔 스 물 여 덟 저 — 녁 엔 서 른 세 번 —
깨 달 으 면 서 른 세 등 눈 을 뜨 면 팔 만 연 등 —
17
21
천 육 백 년 눌 러 앉 은 돌 부 처 가 — 눈 뜨 는 날
화 두 하 나 걸 어 놓 은 일 주 문 이 — 열 리 는 날
21
천 육 백 년 눌 러 앉 은 돌 부 처 가 — 눈 뜨 는 날
화 두 하 나 걸 어 놓 은 일 주 문 이 — 열 리 는 날
21

25
mp 선 방 의 죽 비 소 리 에 풍 경 도 ㅡ 따 라 울 고
짐 푸 는 산 골 가 ㅡ 득 풋 내 음 이 차 오 르 고
mp 아 ㅡ ㅡ 아 아 ㅡ ㅡ 아 아
mp
29
노 승 의 밭 은 기 침 에 문 을 여 는 산 사 에 봄
동 자 승 환 한 미 소 에 일 어 서 는 산 사 에 봄
아 ㅡ 아 아 문 을 여 는 산 사 에 봄
일 어 서 는 산 사 에 봄

D.C
움 트 는 생 명 마 다
연 꽃 등 을 ㅡ 들 고 셨 네
D.C
D.C
C
rit.

직지

2000년 11월 10~11일 충북오페라단에서 공연한 작품이다. 김민형 대본, 장영철 각색, 박범훈 작곡으로 우리나라에서 최초로 작곡된 불교오페라이다. 청주시립교향악단, 국립국악관현악단, 중앙국악관현악단, 청주시립합창단, 대전시립무용단 등이 대거 출연하였다. 묘덕 역에 신동의, 이순화, 백운화상에 김명지 등의 성악가들이 출연하였다.

놓아라 삼세인연

작사/ 정 다운
작곡/ 박 범훈

B
9
mf 나 무 는 나 무 끼 리 산 새 는 산 새 끼 리
나 무 는 법 당 짓 고 바 위 는 석 불 되 어
9
mf 나 무 는 나 무 끼 리 산 세 는 산 세 끼 리
나 무 는 법 당 짓 고 바 위 는 석 불 되 어
9
mp
13
의 지 하 고 속 삭 이 며 수 억 만 년 주 고 받 은
목 탁 치 고 요 령 울 려 장 광 설 로 염 불 하 는
13
13
3
3

17
삼 처 전 심 은 밀 한 뜻 생 사 윤 회 해 탈 일 ㅡ 세
발 억 화 신 나 투 신 뜻 오 분 향 을 사 름 일 ㅡ 세
17
mf 삼 처 전 심 은 밀 한 뜻 생 사 윤 회 해 탈 일 세
발 억 화 신 나 투 신 뜻 오 분 향 을 사 름 일 세
17
21
f 놓 아 라 삼 세 인 연 맺 고 풀 어 무 엇 하 리
놓 아 라 법 계 의 문 열 고 닫 아 무 엇 하 리
21
f 놓 아 라 삼 세 인 연 맺 고 풀 어 무 엇 하 리
놓 아 라 법 계 의 문 열 고 닫 아 무 엇 하 리
21
f

25
mp 보 이 면 보 이 는 대 로 들 리 면 들 리 는 대 로
열 리 면 열 리 는 대 로 닫 기 면 닫 기 는 대 로
25
25
mp
29
D.C
만 물 이 다 불 상 이 요 세 상 만 사 가 다 불 공 일 세
제 불 보 살 예 있 거 늘 어 딜 향 해 ㅡ ㅡ 가 겠 는 가
29
D.C
만 물 이 다 불 상 이 요 세 상 만 사 가 다 불 공 일 세
제 불 보 살 예 있 거 늘 어 딜 향 해 ㅡ ㅡ 가 겠 는 가
29
D.C

C
33
33
33
3
f

뭇소리 찬불가

뭇소리는 중생들의 소리이다. 인연과 인연으로 억겁의 인연을 맺어 살아가는 중생들의 삶의 소리. 그 소리가 바로 뭇소리다. 뭇소리를 화두로 불보살을 찬탄하는 음성공양을 시작 한지가 벌써 30년이 넘어섰다. '불교음악은 불교음악 이어야한다'라는 당연한 논리를 내세워가며 찬불가 운동에 정진해 왔으나 아직도 찬불음악이 불교음악으로서의 정체성을 찾지 못하고 있어 안타까운 생각을 금 할 수 없다.

뭇소리 찬불가는 법당에서 보다는 생활 속에서 불려지기를 바란다. 그런데 한 가지 문제가 생겼다. 필자의 찬불가 반주가 국악기만 연주할 수 있게 되어 있기 때문이다. 악보자체가 국악실내악단이나 국악관현악단만이 연주할 수 있게 되어있다. 국악과 불교음악의 동질성을 역설하면서 고집을 부려온 결과다. 지금도 그 생각에는 변함이 없다.

뭇소리 찬불가는 국악기에 맞춰 불러야 시김새(소리 내는 기교)가 제 맛이 난다. 그런데 대중들의 요구는 달랐다. 국악기도 좋지만 평상시 부를 수 있도록 피아노 반주 악보가 필요하다는 것이다. 그동안 시간적 여유가 없었는데 금번 "뭇소리 찬불가" 출판을 계기로 지금까지 작곡한 찬불가 전곡을 피아노 반주로 부를 수 있도록 악보화 하였다.

룸비니 동산의 꽃

범어사가 (빛나라 금정산)

작사/ 광 덕
작곡/ 박 범훈

B
mf 태 백 한 줄기 남 으로 남 으로 뻗
mf 태 백 한 줄기 남 으로 남 으로 뻗
mf
어 ㅡ 드 높은 ㅡ
어 남 으로 뻗어 드 높은

17
봉 우 리 ㅡ 수 려 한 산 ㅡ 맥
17
봉 우 리 수 려 한 산 ㅡ 맥
17
21
상 서 러 운 오 색 구 름
21
화 려 한 산 ㅡ 맥 상 서 러 운 오 색 구 름
21

25
감 싸 았 으 니 거 룩 ㅡ 타 크 신 부 촉
감 싸 았 으 니 거 룩 ㅡ 타 크 신 부 촉
29
범 ㅡ 천 의 광 ㅡ 명
범 천 ㅡ 의 광 ㅡ 명

33
mf 왜 구들 의선 단 은
바 다 를 바 다 를 덮 고
mf 왜 구들 의선 단 은
바 다 를 바 다 를 덮 고
mf
37
기 치창 검함 성 은
지 축을 흔 들듯
기 치창 검함 성 은
지 축을 흔 들듯

41
f 여 래혁 신 의 상대 사 대 법 굴 리니
41
f 여 래혁 신 의 상대 사 대 법 굴 리니
41
mf
45
왜 구 ㅡ 는 패 주하 고 나 라 구 했네
45
왜 구 ㅡ 는 패 주하 고 나 라 구 했네
45

49
ㅡ ㅡ mp 거 룩 한 법 받들 어
ㅡ ㅡ
f
mp
53
억 만년 ㅡ 을 잇 ㅡ 고 국 토중 생 가 꾸어

57
mf 정 토 이 루는 우 람한 조 사가 풍
57
57
mf
61
선 찰대 본 산
61
mf 선 찰대 본 산
61

65
받 들어 이어가리 역 사 ㅡ 에 빛 내리
65
받 들어 이어가리 역 사 ㅡ 에 빛 내리
65
69
아 아 아 ㅡ아 정 법의 지 우 뚝하 여라
69
아 아 아 ㅡ아 정 법의 지 우 뚝하 여라
69

73
f 아 ㅡ ㅡ 국 토와 중 생원
73
f 아 ㅡ ㅡ 국 토와 중 생원
73
77
찬 란 하 여라
77
찬 란 하 여라 찬 란 하 여라
77

81
빛 나리
ㅡ
영원하리
ㅡ
빛 나리
빛 나리
영원하리
영원하리
85
금 정
ㅡ
범 어사
ㅡ
금 정
금 정
범 어사
범 어사

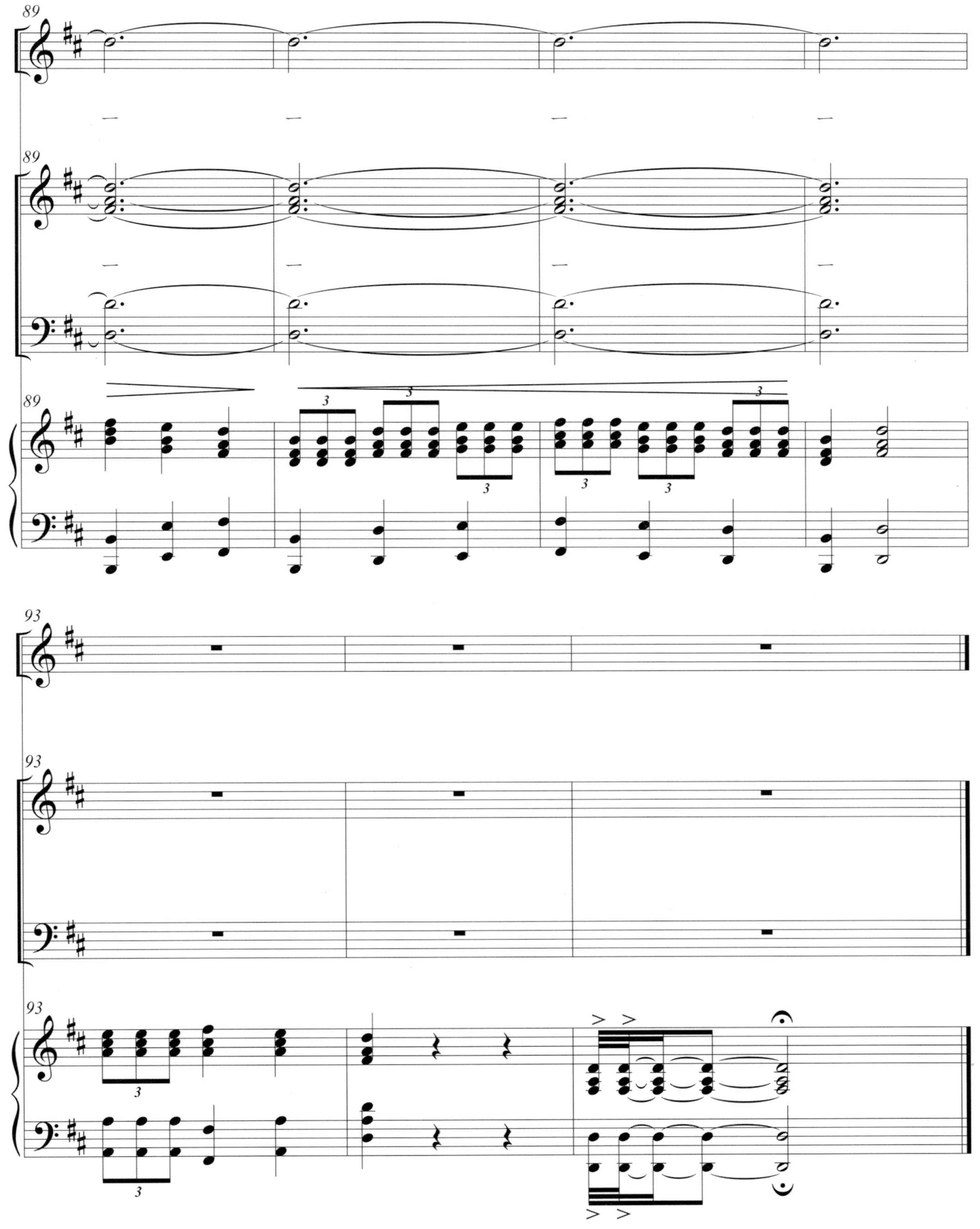
89
89
89
3
3
3
3
3
3
93
93
93
3
3

가야지

작사/ 김 한영
작곡/ 박 범훈

B
mp 가 야 지 —   가 야 지 — — —   꽃 피 고 새 울 면 나 는 가 야 지
산넘고물을 —건너서 혼자가야지— — mf 꽃이피면 —꽃에서자고 — 바람불면 —바람에자고 —
mp
mp

17
머나먼길 ㅡ f 울며 ㅡ ㅡ 울며혼자 가야지 ㅡ mp 우리 ㅡ 절부처님은 ㅡ
mp
21
마음씨도 ㅡ 좋아 ㅡ ㅡ 오냐 ㅡ 오냐 ㅡ 잘가라고 mf 나무 ㅡ ㅡ 아미 ㅡ ㅡ 타 ㅡ ㅡ ㅡ
3
mp

C
25
불
mf 아 — 아 아 — 아
mf
29
아 — 아 — 아 아 — — 아 아 — 아 아 — 아

D
mp 가 야 지 ㅡ 가 야 지 ㅡ ㅡ ㅡ 꽃 피 고 새 울 면 나 는 가 야
mp 가 야 지 ㅡ 가 야 지 ㅡ ㅡ ㅡ 꽃 피 고 새 울 면 나 는 가 야
mp
지 산 넘 고 물 을 ㅡ 건 너 서 혼 자 가 야 지 ㅡ
지 산 넘 고 물 을 ㅡ 건 너 서 혼 자 가 야 지 ㅡ

39
mf 속 절 없 는 ㅡ 세 상 ㅡ 살 이 ㅡ 소 리 없 이 ㅡ 지 고 ㅡ 마 는 ㅡ 꽃 잎 처 럼 ㅡ
39
mf 속 절 없 는 ㅡ 세 상 ㅡ 살 이 ㅡ 소 리 없 이 ㅡ 지 고 ㅡ 마 는 ㅡ 꽃 잎 처 럼 ㅡ
39
mf
42
휘 이 ㅡ ㅡ 휘 이 홀 로 가 야 지 ㅡ
mp 우 리 ㅡ 절 부 처 님 은 ㅡ
42
휘 이 ㅡ ㅡ 휘 이 홀 로 가 야 지 ㅡ
42
mp

마 음 씨 도 좋 아 ㅡ ㅡ
오 냐 ㅡ 오 냐 ㅡ 잘 가 라 고
mf 나 무 ㅡ ㅡ
아 미 ㅡ ㅡ
타 ㅡ ㅡ ㅡ 불
mf
mf
f
rit.

룸비니 동산의 피아노 소리

그동안 나의 전공을 떠나 14년의 긴 세월을 대학 행정과 공직생활에 봉사하고 이제야 본업으로 돌아왔다. 갑자기 바뀐 시간의 공백을 마음에 담고 평소에 그리던 부처님의 고향 네팔 룸비니 동산을 찾았다. 부처님께서 태어나신 마야대비 템플과 출가하신 카필라 성에 참배하였다. 아름다운 룸비니 동산에는 찬불가 "부처님 오신 날" 가사처럼 아름다운 꽃들이 만발해 있었다. 그리고 찬불가의 창시자이신 용성 스님 문중에서 설립한 "대성 석가사"가 그곳에 있었다. 40도 가까운 더위 속에서 선풍기 바람에 땀을 날리며 피아노 소리를 악보에 담았다. 시공時空을 잡고 앉자 더위를 벗 삼아 용맹정진하고 계시는 무진, 정관, 보현, 인우, 현진 스님께서 행자를 자청한 나의 초보 수행 길을 친절하게 지도해주시어 룸비니의 아름다운 찬불의 마음을 피아노 가락에 담을 수 있었다. 두 손 모아 감사의 예를 올린다.

룸비니 동산의 꽃 공양

어화너

작사/ 반 영규
작곡/ 박 범훈

(후렴 1)
mf 어 화 ㅡ 어 화 ㅡ 어 화 ㅡ 너 ㅡ
우 우 우 ㅡ ㅡ 우 ㅡ 우 ㅡ ㅡ 우 ㅡ 우
mf 어 화 ㅡ 어 화 ㅡ 어 화 ㅡ 너 ㅡ
mf
(1 절)
어 화 어 ㅡ ㅡ 화 ㅡ 어 ㅡ ㅡ 화 ㅡ 너
f 북 망 산 ㅡ 천 이 멀 다 ㅡ 더 니 ㅡ
어 화 어 ㅡ ㅡ 화 ㅡ 어 ㅡ ㅡ 화 ㅡ 너

(후렴 2)
집 나 서 ㅡ ㅡ 니 ㅡ 북 망 일 세 mf 어 화 ㅡ 어 화 ㅡ 어 화 ㅡ 너 ㅡ
어 화 ㅡ 어 화 ㅡ 어 화 ㅡ 너 ㅡ
(2 절)
어 화 어 ㅡ ㅡ 화 ㅡ 어 ㅡ ㅡ 화 ㅡ 너 뒤 돌 아 보 니 지 난 ㅡ 세 월 ㅡ
어 화 어 ㅡ ㅡ 화 ㅡ 어 ㅡ ㅡ 화 ㅡ 너

25
(후렴 3)
한 낮ㅡ ㅡ 의ㅡ 꿈ㅡ같구나 어 화ㅡ어 화ㅡ 어 화ㅡ너 ㅡ
25
어 화ㅡ어 화ㅡ 어 화ㅡ너 ㅡ
25
29
(3 절)
어 화 어ㅡ ㅡ화ㅡ 어ㅡ ㅡ화ㅡ너 f 울 지 를ㅡ마 라 두 견ㅡ새 야 ㅡ
29
어 화 어ㅡ ㅡ화ㅡ 어ㅡ ㅡ화ㅡ너
29

(후렴 4)
빈손 으 ─ ─ 로 ─ 가는 ─ 길에 mf 어 화 ─ 어 화 ─ 어 화 ─ 너 ─
어 화 ─ 어 화 ─ 어 화 ─ 너 ─
(4 절)
어 화 어 ─ ─ 화 ─ 어 ─ ─ 화 ─ 너 지은 것은 악 연 ─ 뿐 이 라 ─
어 화 어 ─ ─ 화 ─ 어 ─ ─ 화 ─ 너

(후렴 5)
뉘 우 친 ㅡ ㅡ 들 ㅡ 무 엇 하 리 어 화 ㅡ 어 화 ㅡ 어 화 ㅡ 너 ㅡ
어 화 ㅡ 어 화 ㅡ 어 화 ㅡ 너 ㅡ
(5 절)
어 화 어 ㅡ ㅡ 화 ㅡ 어 ㅡ ㅡ 화 ㅡ 너 f 벗 님 네 ㅡ 들 아 살 아 ㅡ 생 전 ㅡ
어 화 어 ㅡ ㅡ 화 ㅡ 어 ㅡ ㅡ 화 ㅡ 너

(후렴 6)
후 회 할 — — 일 — 하 지 — 마 소 어 화 — 어 화 — 어 화 — 너 —
어 화 — 어 화 — 어 화 — 너 —
(6 절)
어 화 어 — — 화 — 어 — — 화 — 너 정 만 두 고 가 는 — 님 은 —
어 화 어 — — 화 — 어 — — 화 — 너

(후렴 7)
57
언 제 다 ㅡ ㅡ 시 ㅡ 만 날 건 가 어 화 ㅡ 어 화 ㅡ 어 화 ㅡ 너 ㅡ
57
어 화 ㅡ 어 화 ㅡ 어 화 ㅡ 너 ㅡ
57
61
(시낭송)
어 화 어 ㅡ ㅡ 화 ㅡ 어 ㅡ ㅡ 화 ㅡ 너
61
어 화 어 ㅡ ㅡ 화 ㅡ 어 ㅡ ㅡ 화 ㅡ 너
mp
오 오 오 ㅡ 오 ㅡ ㅡ ㅡ
61
mp

65
어제까지 울 넘어로
세상얘기 하던 님이
자고나니 허망하게
오 오 오 — 오 — — — 오 오 —
68
벼옷입고 꽃신 신고
명정정포 앞세워
오 오 오 오 — 오 — — — 오 오 오 —

72
저승길이 웬말이오
이제가면 언제오나 북망산 머나먼 길
오 — — —
오 오 —
오
p
오 오 오 —
오 — — —
p

탑돌이

작사/ 광 덕
작곡/ 박 범훈

(후렴A1)
mp 도 세 ㅡ 도 ㅡ 세 백 팔 번 을 도 세
mp 도 세 ㅡ 도 ㅡ 세 백 팔 번 을 도 세
mp
도 세 ㅡ 도 ㅡ 세 백 팔 번 을 도 ㅡ ㅡ 세
도 세 ㅡ 도 ㅡ 세 백 팔 번 을 도 ㅡ ㅡ 세

(1절)
17
mf 부 처 님 은 ㅡ 성 중 ㅡ 에 성 ㅡ 중 생 들 의 자 부 시 ㅡ ㅡ 고
21
하 늘 중 에 ㅡ ㅡ 하 늘 이 며 ㅡ 온 누 리 에 빛 이 시 어 ㅡ 라

(후렴A2)
mp 도 세 — 도 — 세 백 팔 번 을 도 세
mp 도 세 — 도 — 세 백 팔 번 을 도 세
mp
도 세 — 도 — 세 백 팔 번 을 도 — — 세
도 세 — 도 — 세 백 팔 번 을 도 — — 세

(2절)
33
mf 대 자 대 비 ㅡ 상 서 ㅡ 구 름 ㅡ 온 누 리 를 감 싸 시 ㅡ ㅡ 고
mp 대 자 대 비 ㅡ 상 서 ㅡ 구 름 ㅡ 온 누 리 를 감 싸 시 ㅡ ㅡ 고
mp
37
대 지 혜 의 ㅡ ㅡ 감 로 수 는 ㅡ 모 든 중 생 기 르 시 ㅡ ㅡ 네
대 지 혜 의 ㅡ ㅡ 감 로 수 는 ㅡ 모 든 중 생 기 르 시 ㅡ ㅡ 네

(후렴A3)
mp 도 세 ㅡ 도 ㅡ 세 백 팔 번 을 도 세
도 세 ㅡ 도 ㅡ 세 백 팔 번 을 도 세
도 세 ㅡ 도 ㅡ 세 백 팔 번 을 도 ㅡ ㅡ 세
도 세 ㅡ 도 ㅡ 세 백 팔 번 을 도 ㅡ ㅡ 세

(3절)
49
mf 하 늘 보 다 ㅡ 넓 고 ㅡ 넓 은 ㅡ 원 력 바 다 깊 으 시 ㅡ ㅡ 고
49
49
mp
53
훤 칠 하 신 ㅡ ㅡ 큰 위 덕 은 ㅡ 햇 살 같 이 눈 부 셔 ㅡ ㅡ 라
53
53

(후렴A4)
57
mp 도 세 — 도 — 세 백 팔 번 을 도 세
mp 도 세 — 도 — 세 백 팔 번 을 도 세
mp
61
도 세 — 도 — 세 백 팔 번 을 도 — — 세
도 세 — 도 — 세 백 팔 번 을 도 — — 세

65
(4절)
p 오 오
오 ㅡ ㅡ 오
오 ㅡ 오
오 ㅡ ㅡ 오
p
69
mf 부 처 님 은 ㅡ
성 중 ㅡ 에 성 ㅡ
중 생 들
의 자 부 시 ㅡ ㅡ 고
mf 부 처 님 은 ㅡ
성 중 ㅡ 에 성 ㅡ
중 생 들
의 자 부 시 ㅡ ㅡ 고
mf

73
하 늘 중 의 ㅡ 하 늘 이 며 ㅡ 온 누 리 의 빛 이 시 어 ㅡ 라
73
하 늘 중 의 ㅡ 하 늘 이 며 ㅡ 온 누 리 의 빛 이 시 어 ㅡ 라
73
77
♩. = 110
77
(후렴B1)
mf 도 세 ㅡ 도 ㅡ 세 백 팔 번 을 도 세 ㅡ 도 ㅡ 세 도 ㅡ 세 백 팔 번 을 도 ㅡ 세
77
mf

(1절,3절)
81
mf 대 자 — 대 비 — 상 — 서 — 구 름 — 온 — 누 리 — 를 감 싸 — 시 — 고
하 늘 — 보 다 — 넓 — 고 — 넓 은 — 원 — 력 바 — 다 깊 으 — 시 — 고
mf
85
(후렴B2)
mf 도 세 — 도 — 세 백 팔 번 을 도 세 — 도 — 세 도 — 세 백 팔 번 을 도 — 세

89
(2절,4절)
대 지 — 혜 의 — 감 — 로 — 수 는 — 모 — 든 중 — 생 기 르 — 시 — 네
훤 칠 — 하 신 — 큰 — 위 — 덕 은 — 햇 — 살 같 — 이 눈 부 — 셔 — 라
89
대 지 — 혜 의 — 감 — 로 — 수 는 — 모 — 든 중 — 생 기 르 — 시 — 네
훤 칠 — 하 신 — 큰 — 위 — 덕 은 — 햇 — 살 같 — 이 눈 부 — 셔 — 라
89
93
93
(후렴B3)
도 세 — 도 — 세 백 팔 번 을 도 세 — 도 — 세 도 — 세 백 팔 번 을 도 — 세
93

97
(후렴B4)
mp 오 오 ㅡ 오 ㅡ ㅡ 오 ㅡ 오 ㅡ 오 ㅡ 오 ㅡ ㅡ 오 ㅡ
97
mp 오 오 ㅡ 오 ㅡ ㅡ 오 ㅡ 오 ㅡ 오 ㅡ 오 ㅡ ㅡ 오 ㅡ
97
mp
101
mf 부 처 님 은 성 중 성 중 생 의 자 부 시 고
101
mf 부 처 님 은 성 중 성 중 생 의 자 부 시 고
101

105
f 하 늘 — 중 의 — 하 — 늘 — 이 며 — 온 — 누 리 — 에 빛 이 — 시 어 라
105
f 하 늘 — 중 의 — 하 — 늘 — 이 며 — 온 — 누 리 — 에 빛 이 — 시 어 라
105
mf
(후렴B5)
109
mf 도 세 — 도 — 세 백 팔 번 을 도 세 — 도 — 세 도 — 세 백 팔 번 을 도 — 세
109
mf 도 세 — 도 — 세 백 팔 번 을 도 세 — 도 — 세 도 — 세 백 팔 번 을 도 — 세
109

113
113
113
rit.
f

찬불가의 정체성

찬불음악을 창작하기 위해서는 먼저 불교음악의 역사와 더불어 현존하고 있는 전통불교음악의 음악적 특성을 알아야 한다. 이러한 노력 없이 서양음악의 작곡기법만 활용하게 되면 찬불가의 정체성을 잃을 수 있다.

찬불가는 전통적으로 불교의식에 쓰이는 의식찬불가와 창작찬불가로 분류해 볼 수 있는데, 전통불교의식의 찬불가는 범패를 비롯하여 화청, 그리고 평소에 스님들이 부르는 염불 등을 들 수 있다. 그 외의 찬불가는 모두 새로 창작된 찬불가이다. 현재 창작 찬불가 중에 소수의 곡이 예불의식에 쓰이고는 있는데 이러한 곡들이 앞에서 언급한대로 불교의식음악으로서의 정체성이 문제가 되고 있다. '찬송가 풍의 찬불가'로 평가 할 정도로 심각한 상태이다 반갑게도 조계종 총무원에서 불교의식에 쓰이는 찬불가는 불교음악다운 곡으로 바뀌어야 한다는 뜻을 모아 '의식찬불가제작위원회'를 결성하였다고 한다. 늦은 감은 있으나 찬불가의 정체성을 확립할 수 있는 계기가 될 것으로 기대하며 감사의 마음을 전한다.

룸비니 동산의 꽃

부처님 오신날

작사/ 덕 신
작곡/ 박 범훈

B
mf 도 솔 천 ㅡ 맑 은 하 ㅡ 늘 상 서 러 움 어 ㅡ 리 ㅡ 어
사 방 칠 보 걸 으 시 ㅡ 며 장 광 설 을 베 푸 시 ㅡ 어
님 께 서 ㅡ 오 시 었 ㅡ 네 오 늘 은 ㅡ 초 ㅡ 파 ㅡ 일
(3절)
님 께 서 ㅡ 오 시 었 ㅡ 네 오 늘 은 ㅡ 초 ㅡ 파 ㅡ 일
mp
한 줄 기 ㅡ 찬 란 한 ㅡ 빛 으 로 ㅡ 오 ㅡ 신 날
거 룩 하 신 원 만 상 호 대 자 비 로 감 싸 시 고
크 나 큰 ㅡ 기 쁨 이 여 광 명 의 ㅡ 날 이 로 세
크 나 큰 ㅡ 기 쁨 이 여 광 명 의 ㅡ 날 이 로 세

17
mp
천 상 천 하 유 아 독 존 사 자 후를하 ㅡ 시 니
이 땅 위 에 단 비 되 어 영 원 함을주 ㅡ 시 니
오 ㅡ 색 의 감 로 수 로 구 룡 토수공 양 하 니
오 ㅡ 색 의 감 로 수 로 구 룡 토수공 양 하 니
p
21
mf
높 은 산 ㅡ ㅡ 너 른ㅡ들 ㅡ ㅡ
하 늘 이 ㅡ ㅡ 열 리ㅡ고 ㅡ ㅡ
몸 과 마 음 ㅡ 심 지ㅡ삼 아 ㅡ
높 은 산 ㅡ 너 른ㅡ들 ㅡ
하 늘 이 ㅡ 열 리ㅡ고 ㅡ
몸 과 마 음 심 지ㅡ삼 아

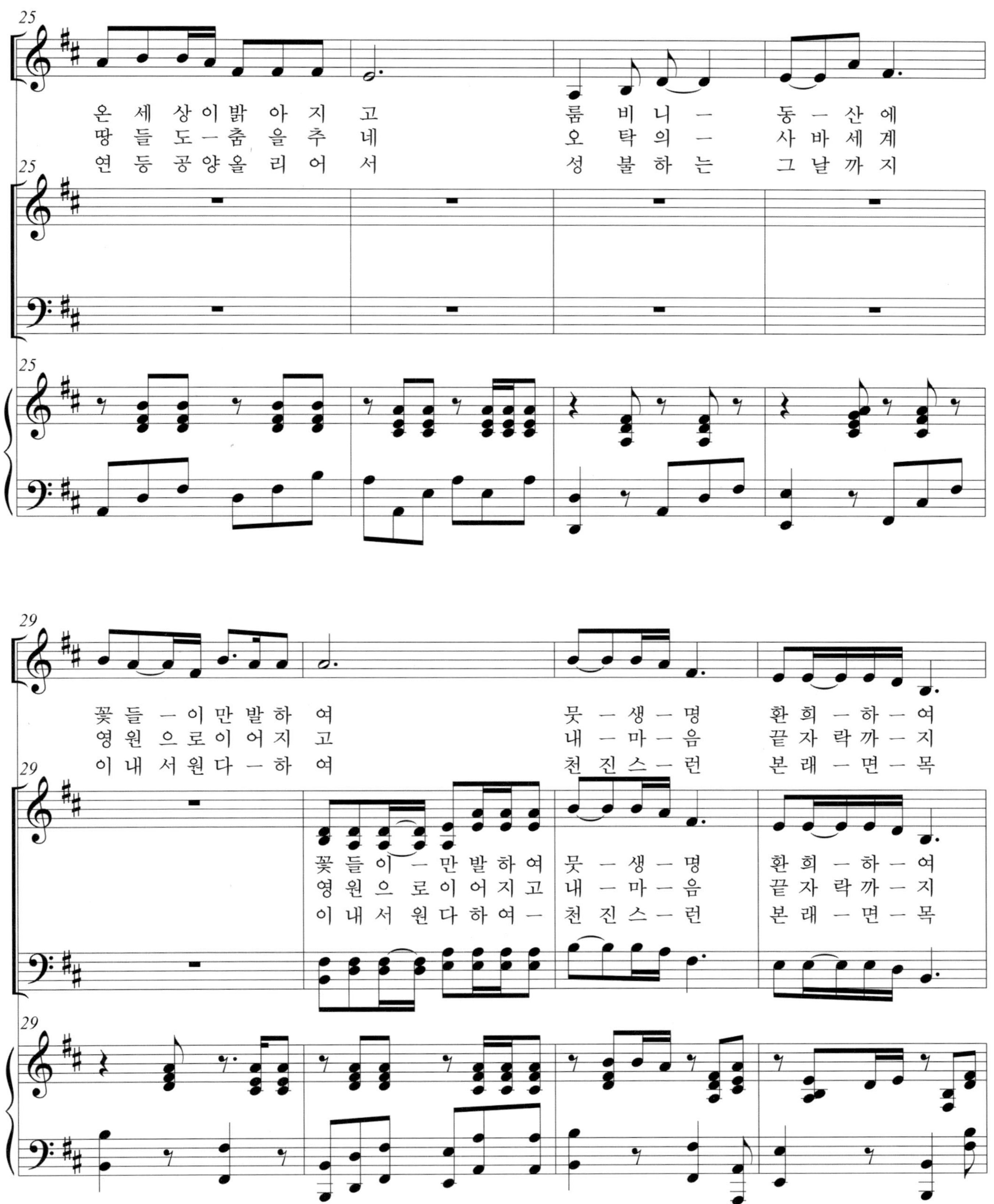
25
온 세 상 이 밝 아 지 고 룸 비 니 — 동 — 산 에
땅 들 도 — 춤 을 추 네 오 탁 의 — 사 바 세 계
연 등 공 양 올 리 어 서 성 불 하 는 그 날 까 지
29
꽃 들 — 이 만 발 하 여 뭇 — 생 — 명 환 희 — 하 — 여
영 원 으 로 이 어 지 고 내 — 마 — 음 끝 자 락 까 — 지
이 내 서 원 다 — 하 여 천 진 스 — 런 본 래 — 면 — 목
꽃 들 이 — 만 발 하 여 뭇 — 생 — 명 환 희 — 하 — 여
영 원 으 로 이 어 지 고 내 — 마 — 음 끝 자 락 까 — 지
이 내 서 원 다 하 여 — 천 진 스 — 런 본 래 — 면 — 목

33
기 뿜 으 로 예 경 하 — 네 빛 으 로 오 — 신 님
사 무 치 어 맞 이 하 — 리
마 음 빛 — 찾 아 보 — 세
33
기 뿜 으 로 예 경 하 — 네 빛 으 로 오 신 님
사 무 치 어 맞 이 하 — 리
마 음 빛 — 찾 아 보 — 세
33
37
기 뿜 으 로 오 — 신 님 오 늘 — 은 초 파 — 일
37
기 뿜 으 로 오 신 님 오 늘 — 은 초 파 — 일
37
mf

41
C
부 처 님 ― 오 ― 신 ― 날
41
부 처 님 ― 오 ― 신 ― 날
41
f
45
45
45

49
D.S
D
49
D.S
49
D.S

생활찬불가

의식 찬불가와 더불어 생활찬불가가 필요하다. 생활찬불가란 일상생활 속에서 자유롭게 부를 수 있는 찬불가를 말한다. 뭇소리 찬불가는 중생용 찬불가로서 생활찬불가에 속한다. 생활찬불가는 의식찬불가보다는 자유로운 점이 있지만 불보살을 찬탄하는 노래이기에 불교음악으로서의 기본적인 틀은 유지하여야 한다.

그동안 교성 곡交聲曲 풍의 '붓다', '보현행원송', '부모은중송', '용성', '진감' 등과 같은 관현악과 합창 무용 등이 대거 출연하는 찬불음악을 작곡하여 창작 불교음악의 새로운 장르를 열었다는 평과 함께 포교의 효과는 있었으나 교성곡은 대극장과 관현악, 합창, 무용단 그리고 전문 창자들이 출연해야 연주할 수 있는 공연용 찬불음악이기 때문에 자주 접할 수가 없다. 교성곡도 중요하지만 그보다는 일상생활 속에서 누구나 즐겨 부를 수 있는 생활찬불가가 필요하다. 뭇사람들이 모여 부르는 '뭇소리 찬불가', 어린이가 부르는 '찬불동요', 노래방에서 부르는 '신바람찬불가' 등등 생활 속에서 부를 수 있는 중생용 찬불가가 더욱 필요하다는 것이다.

부처님께서 수도승은 가무악歌舞樂을 멀리하라고 설하셨지만 불보살을 찬탄하는 가무악은 권장하셨다. 가정에서 학교에서 직장에서 노래방에서 까지 불보살을 찬탄하는 찬불가가 울려 퍼진다면 뭇소리를 화두로 살고 있는 필자로서는 더 이상 바랄 것이 없다.

룸비니 대성석가사

미륵님 오시네

작사/ 목 정배
작곡/ 박 범훈

구 원 겁 — — — — — — 청 정 — 하 고 — — 도 솔 천 하 늘 위 — — 에
이 마 음 — — — — — — 씻 고 — 서 — — — 도 솔 천 전 단 향 — — 에
전 단 향 — 내 — 음 — mf 우 주 사 바 넓 게 —
내 마 음 — 밝 히 어 —
mf 우 주 사 바 넓 게 —

17
피 어 오 는 날 오 십 육 억 칠 천 ㅡ 만 년 갈 고 닦 은 바 른 ㅡ 길 ㅡ
17
피 어 오 는 날 오 십 육 억 칠 천 ㅡ 만 년 갈 고 닦 은 바 른 ㅡ 길 갈 고 닦 은 바 른 길
17
21
f 중 생 의 ㅡ 고 뇌 ㅡ 를 ㅡ ㅡ ㅡ 밝 혀 ㅡ 주 려 고
21
mf 아 ㅡ 아 밝 혀 주 려 고
21
mf
mp

mp 미 륵 님
미 륵 부 처 ㅡ 님
여 기 ㅡ
ㅡ ㅡ ㅡ 오 ㅡ 시 ㅡ 네
ㅡ
D.C
C
D.C
D.C
f

귀거래

작사/ 류 종민
작곡/ 박 범훈

B
mp 가 야 지 ㅡ 가 야 지 그 대 짐 벗 어 놓 고
가 야 지 ㅡ 가 야 지 모 든 짐 벗 어 놓 고
mp
왔 던 곳 으 로 ㅡ ㅡ ㅡ 가 야 지 ㅡ
mf 왔 던 곳 으 로 ㅡ 가 야 지

17
mf 술 렁 이 는 ㅡ ㅡ 물 ㅡ 결 바 람 세 찬 ㅡ ㅡ ㅡ 저 언 덕
파 도 치 는 ㅡ ㅡ 물 ㅡ 결 바 람 세 찬 ㅡ ㅡ ㅡ 저 언 덕
mp
21
mf 길 없 는 길 아 스 라 이 ㅡ ㅡ 뻗 어 있 는 길
mf

25
f 하 늘 ㅡ ㅡ 고 삐 잡 ㅡ 고 mp 내 려 다 ㅡ 본 ㅡ 다
25
25
mp
29
ㅡ mp 이 끄 는 이 없 는 수 레 ㅡ
29
mf 내 려 다 ㅡ ㅡ mp 본 ㅡ 다
29
mf
mp
p

33
한 바 퀴
돌 ㅡ ㅡ 려
살 같 이
빠 른 세 상 ㅡ ㅡ
37
함 속 에 ㅡ
넣 어 ㅡ 가 야 지
mf 구 름 처 럼 ㅡ ㅡ
mp

41
그 대 ㅡ 왔 던 그 곳 으 로 ㅡ ㅡ 가 야 지 ㅡ 가 야 지
45
C
mf
아 ㅡ ㅡ
아 ㅡ ㅡ
아 ㅡ ㅡ
mf

a tempo
아 — —
mp
아 — 아 — 아 —
아 — 아 — — 아 —
아 — 아 아 — —
a tempo
mp
D.S
아
mf
f

법당안의 피아노

법당 안의 피아노는 왠지 어색하다. 피아노 악기 자체가 문제가 있다는 말은 아니다. 1980년 초에 피아노에 맞춰 부르는 합창단의 찬불가를 듣고 큰 충격을 받았다. 민족음악학을 전공하는 외국 교수까지 동행한 자리에서다. 외국인 교수가 '저 곡이 한국의 찬불 가느냐' 라는 질문에 할 말을 잃었다.

조선일보 '일사일언' 난에 "법당 안의 피아노"란 글을 썼다. 불교음악의 정체성을 논하면서 새로 작곡된 찬불가에 대한 비평이었다. 그 후 '법당 안에 피아노가 어떻단 말이냐', '찬불가가 문제가 있으면 대안을 제시하라' 등의 항의성 목소리가 들려왔다. 주로 사찰에서 합창단을 지도하고 있던 지휘자들이었다.

그들의 논리가 맞다. 찬불가가 문제가 있다면 불평을 할 것이 아니라 작곡해서 들려주면 해결될 일이다. 고맙게도 이들의 항의가 내가 찬불가를 작곡하게 만든 결정적 계기가 되었다.

법당 안의 피아노보다는 삼현육각 편성의 국악 실내악단이 예불 음악을 담당하면 얼마나 좋을까 생각해보았다. 영산회상도 연주 하고 새로운 찬불가도 연주 하고 누가 봐도 불교음악의 정통성을 느낄 수 있어 좋고, 국악계 측에서는 젊은 연주자들이 소속된 사찰에서 연주활동을 할 수 있어서 더욱 좋을 것이다. 법회 때와 특별한 사찰행사 때에 활용하면 경제적으로도 큰 부담이 없을 것 같다.

사리여

작사/ 목 정배
작곡/ 박 범훈

B
mp 사 리 여 ㅡ 사 리 ㅡ 여 ㅡ
mp 사 리 여 사 리 ㅡ 여
하 늘 에 마 음 맑 게 닦 아 가 슴 안 에 번 뇌 씻 ㅡ 어 ㅡ

17
하 나 같 이 ㅡ 삼 매 된 하 얀 마 음 ㅡ 고 운 ㅡ ㅡ 웃 ㅡ
21
음 mp 그 렇 게 ㅡ 살 아 왔 ㅡ 고 ㅡ
mp 아 아 아 아 아 ㅡ 아
mp

25
그 렇 게 ㅡ
살 았 ㅡ ㅡ 으
니
ㅡ ㅡ ㅡ ㅡ ㅡ ㅡ
29
ㅡ
mp 사 리 여
ㅡ
mf 아
아
아 ㅡ 아 ㅡ ㅡ ㅡ
mp 사 리 여
mp

33
사 리 ㅡ 여 ㅡ 뜨 거 운 불 길 에 도
사 리 ㅡ 여
37
무 쇠 녹 이 는 용 광 로 에 도 해 맑 은 수 정 알 이 되 어 ㅡ ㅡ

41
오 색 빛 영 롱 한 마 니 구 슬 ㅡ 로 천 년 이 나 ㅡ 영 겁
41
오 색 빛 영 롱 한 마 니 구 슬 ㅡ 로 천 년 이 나 ㅡ 영 겁
41
45
토 ㅡ 록 ㅡ 웃 음 으 로 ㅡ ㅡ 살 리 ㅡ 라 mf 아 아
45
토 ㅡ 록 ㅡ 웃 음 으 로 ㅡ ㅡ 살 리 ㅡ 라 mf 아 아
45
mf

49
아 ㅡ ㅡ
mp 생 명의사 리 여
열 반의
구 슬 ㅡ ㅡ 이 ㅡ
49
아 ㅡ ㅡ
49
mp
53
C
여
ㅡ
53
mf 아
아 ㅡ ㅡ ㅡ
아 ㅡ
53
mf

57
아 아 ㅡ ㅡ ㅡ
D
61
테너
mp 사 리 여 ㅡ 사 리 ㅡ 여 ㅡ
베이스
mp

65
테너
삼 독 의 불 길
다 타 버 려
바 람 처 럼 ㅡ 올 라
가 면 ㅡ ㅡ
베이스
69
테너
보 살 마 음 ㅡ
되 어 서
삼 계 고 행 ㅡ
모 진 ㅡ 고 ㅡ
베이스

테너
베이스
mp 한 없 이 ㅡ 버 렸 어 ㅡ 라 ㅡ
통 ㅡ
mp
버 리 고 ㅡ 살 았 ㅡ 으 니 ㅡ ㅡ ㅡ ㅡ ㅡ ㅡ

81
—
mp 사 리 여
—
81
mf 아 아 아 — 아 — — —
mp 사 리 여
81
mp
85
사 리 — 여 —
해 맑 은 반 야 의 빛 —
85
사 리 — 여
85

89
허 공 밝 히 는 무 소 유 로 다 슬 기 로 운 금 강 주 가 되 어 ㅡ ㅡ
93
오 색 빛 영 롱 한 마 니 구 슬 ㅡ 로 천 년 이 나 ㅡ 영 겁
오 색 빛 영 롱 한 마 니 구 슬 ㅡ 로 천 년 이 나 ㅡ 영 겁

97
토-록 -
웃 음으로 - -
살 리 - 라
mf 아 아
97
토-록 -
웃 음으로 - -
살 리 - 라
mf 아 아
97
mf
101
아 - -
mp 생 명의사 리 여
열 반 의
구 슬 - - 이 -
101
아 - -
101
mp

E
105
여
ㅡ
mf
아
아 아 아 ㅡ
아 아
109
아 아 ㅡ
아
ㅡ
mf

금강송

작사/ 류 종민
작곡/ 박 범훈

B
9
mp 여 래 의 밝 은 달 이 ㅡ
인 생 의 옷 을 입 고 ㅡ
9
mp 여 래 의 밝 은 달 이
인 생 의 옷 을 입 고 ㅡ
9
mp
13
천 강 에 ㅡ 비 ㅡ ㅡ 쳐 세 상 에 모 든 만 상 ㅡ
가 ㅡ 는 ㅡ 나 ㅡ 그 네 갈 길 은 멀 ㅡ 고 ㅡ ㅡ
13
천 강 에 ㅡ 비 ㅡ ㅡ 쳐 세 상 에 모 든 만 상 ㅡ
가 ㅡ 는 ㅡ 나 ㅡ 그 네 갈 길 은 멀 ㅡ 고 ㅡ ㅡ
13

아 름 다 워 라
어 둠 이 와 도
아 름 다 워 라 아 름 다 워 라
어 둠 이 와 도 어 둠 이 와 도
C
어 렵 고 힘 든 여 울 ㅡ 지 나 온 강 이
여 래 의 밝 은 달 이 ㅡ 길 을 비 추 니

부 처 님 밝 은 빛 에 거 울 이 되 어
부 처 님 밝 은 빛 이 기 쁨 이 되 어
부 처 님 밝 은 빛 에 거 울 이 되 어
부 처 님 밝 은 빛 이 기 쁨 이 되 어
원 래 없 는 ㅡ 자 기 를 비 추 고 있 네
이 밤 이 ㅡ ㅡ 두 렵 고 괴 롭 지 않 네
원 래 없 는 ㅡ 자 기 를 비 추 고 있 네
이 밤 이 ㅡ ㅡ 두 렵 고 괴 롭 지 않 네

33
mf 인 생 은 꿈 ㅡ 인 생 은 이 슬 ㅡ ㅡ
mf 인 생 은 꿈 인 생 은 이 슬 ㅡ
mf
37
f 인 생 은 그 림 ㅡ 자 mp 고 요 한 마 음 속 에 ㅡ ㅡ
f 인 생 은 그 림 ㅡ 자
mf
mp

41
달 은 가 득 히 한 량 없 이 ㅡ 빛 나 는
41
41
45
D.C
D
부 처 님 사 랑
45
D.C
rit.
45
D.C
f

석굴암가

작사/ 월 운
작곡/ 박 범훈

의 상 대 사 ㅡ 창 건 이 요 ㅡ 초 안 선 사 중 창 했 네
바 위 굴 ㅡ ㅡ 굽 이 굽 이 ㅡ 나 한 님 의 도 량 일 세
철 따 라 ㅡ ㅡ 빛 는 풍 경 ㅡ 성 자 들 의 시 현 일 세
주 봉 이 우 뚝 하 니
천 하 의 어 두 운 길
아 침 별 저 녁 노 을
mf 초 안 선 사 중 창 했 네
나 한 님 의 도 량 일 세
성 자 들 의 시 현 일 세

사 람 하 늘
한 동 네 요
약 주 물
졸 졸 흘 러
달 빛 보 내
밝 히 시 고
인 간 의
숱 한 고 통
평 상 속 의
진 리 로 다
우 리 도
그 본 받 아
mp
관 세 음
의
젖 줄 일 세
바 람 되
어
식 히 시 네
일 마 다
에
정 진 하 리

mp 아
아 — —
아 — — — — — 아 — —
mp 아
아 — —
아 — — — — — 아 — —
mp
mf 우리들은 — 석 굴 암 의 아 들 딸 다 같 이
mf 우리들은 — 석 굴 암 의 아 들 딸 아 들 딸 다 같 이
mf

D.C
C
보 람 찾 아
이 복 밭
을
받 ㅡ 들 자
빛 ㅡ 내 자
기 ㅡ 리 자
D.C
보 람 찾 아
이 복 밭
을
받 ㅡ 들 자
빛 ㅡ 내 자
기 ㅡ 리 자
D.C

찬불가 작사

필자가 지금까지 불교음악을 연구하고 찬불음악을 작곡할 수 있었던 것은 많은 분들의 관심과 성원이 있었기 때문이다. 먼저 감사의 인사를 올리고자 한다.

찬불음악을 작곡을 할 수 있도록 불교음악의 길로 인도해주신 광덕 큰 스님께 감사의 예를 올린다. 교성곡, "보현행원송", "부모은중송", 찬불가, "탑돌이", "범어사가", "오계의노래" 등의 작사를 해주시고 작곡한 곡을 성황리에 공연할 수 있도록 성원해주신 은혜를 잊을 수가 없다. 교성곡 "용성"의 원작과 "불국토 만만세(겨레의 노래)"작사를 해주시고 연주회를 열어주신 도문 큰스님께 감사의 예를 올린다. 그리고 용성 공연에 총책을 맡아 도와주신 보광스님께도 감사를 드린다. 교성곡 "붓다"를 작사해주신 석성일 스님, "부처님오신 날"작사를 해주시고 찬불가 운동에 앞장서고 계시는 덕신스님, "목탁새", "날마다 좋은날", "삼세인연" 등의 찬불가 작사를 해주신 정다운 스님께 감사드린다. 필자가 동국대학원에서 박사학위 공부를 할 때 지도교수를 맡아주시고 찬불가 "거룩한손", "연꽃향기 누리 가득히" 등의 많은 찬불가의 작사를 해주신 목정배 선생님께 감사를 드린다. 그리고 "무상계", "어화너" 등의 찬불가 작사를 해주고 불교음악 활동에 큰 힘이 되어 주신 반영규 선생님께 감사의 인사를 드린다.

돌부처

작사/ 목 정배
작곡/ 박 범훈

B
mp 오 고 ㅡ ㅡ ㅡ 가 ㅡ 면 ㅡ ㅡ ㅡ ㅡ
짧 다 ㅡ ㅡ ㅡ 짧 ㅡ 은 ㅡ ㅡ ㅡ ㅡ
mp
서 리 ㅡ ㅡ ㅡ ㅡ 서 ㅡ 리 ㅡ ㅡ ㅡ
인 생 ㅡ ㅡ ㅡ ㅡ 살 ㅡ 이 ㅡ ㅡ ㅡ
mp 서 리 ㅡ ㅡ ㅡ ㅡ 서 ㅡ 리 ㅡ ㅡ ㅡ
인 생 ㅡ ㅡ ㅡ ㅡ 살 ㅡ 이 ㅡ ㅡ ㅡ

응 어 ㅡ ㅡ ㅡ 리 ㅡ 진 ㅡ ㅡ ㅡ ㅡ
웬 설 움 ㅡ ㅡ 그 ㅡ 리 ㅡ ㅡ ㅡ ㅡ
응 어 ㅡ 리 ㅡ 진 ㅡ ㅡ ㅡ ㅡ
웬 설 움 그 ㅡ 리 ㅡ ㅡ ㅡ ㅡ
마 음 풀 ㅡ 어 ㅡ ㅡ mf 돌 부 처 ㅡ ㅡ ㅡ 어 ㅡ ㅡ
많 ㅡ 아 ㅡ ㅡ ㅡ ㅡ 가 는 길 ㅡ ㅡ ㅡ 섧 ㅡ ㅡ
mp 마 음 풀 어
많 ㅡ 아 ㅡ
돌 부 처 ㅡ
가 는 길 섧
mf

25
목 에 다 ㅡ ㅡ 결 ㅡ ㅡ 고 ㅡ ㅡ
돌 부 처 ㅡ ㅡ 목 ㅡ 에 다 ㅡ ㅡ
mp
29
mp 마 음 ㅡ ㅡ ㅡ 달 ㅡ 래 는 ㅡ ㅡ ㅡ ㅡ
서 리 ㅡ ㅡ ㅡ 서 ㅡ 리 ㅡ ㅡ ㅡ ㅡ ㅡ

33
mf 저 ㅡ 어 ㅡ ㅡ ㅡ 나 그 ㅡ ㅡ ㅡ
결 ㅡ 고 ㅡ ㅡ ㅡ 가 느 ㅡ ㅡ ㅡ
37
D.C
C
네 ㅡ ㅡ ㅡ 여 ㅡ ㅡ ㅡ
냐 ㅡ ㅡ ㅡ ㅡ ㅡ ㅡ ㅡ
D.C
D.C
f

41
41
41
rit.
mp
mf

원왕생가

작사/ 정 다운
작곡/ 박 범훈

(1절)
mp
원 왕 생 원 왕 생 ㅡ ㅡ ㅡ 왕 생 극 락 ㅡ 하 옵 소 ㅡ 서
아 미 타 불 ㅡ 친 견 하 ㅡ 여 윤 회 해 탈 얻 으 소 ㅡ ㅡ 서

(후렴1)
나 무 아 미 ㅡ
타 ㅡ ㅡ 불
나 무 ㅡ 아 미 ㅡ
타 ㅡ 아 불
(2절)
mf 태 어 남 은 ㅡ
허 공 안 ㅡ 에 ㅡ
한 점 이 는 ㅡ
구 름 같 ㅡ 고
mf 태 어 남 은 ㅡ
허 공 안 ㅡ 에 ㅡ
한 점 이 는 ㅡ
구 름 같 ㅡ 고

25
죽 음 또 한 ㅡ 인 연 풀 ㅡ 어 사 라 지 는 구 름 같 ㅡ ㅡ 아
25
죽 음 또 한 ㅡ 인 연 풀 ㅡ 어 사 라 지 는 구 름 같 ㅡ ㅡ 아
25
29
(후렴2)
29
3
3
mf 나 무 아 미 ㅡ 타 아 ㅡ 불 나 무 ㅡ 아 미 ㅡ 타 ㅡ ㅡ 불
29
3

(3절)
mf 생 로 ㅡ 병 사 ㅡ 인 생 살 ㅡ 이 ㅡ ㅡ 본 래 면 목 ㅡ 아 니 오 ㅡ ㅡ 니
mp
사 바 세 계 떠 나 ㅡ 는 ㅡ ㅡ 길 ㅡ ㅡ 연 꽃 으 로 피 옵 소 ㅡ ㅡ 서

(후렴3)
D.C
나 무 아 미 ㅡ 타 ㅡ ㅡ 불 나 무 ㅡ 아 미 ㅡ 타 아 ㅡ 불
D.C
나 무 아 미 ㅡ 타 ㅡ ㅡ 불 나 무 ㅡ 아 미 ㅡ 타 아 ㅡ 불
D.C
mf
f
rit.

날마다 좋은날

작사/ 정 다운
작곡/ 박 범훈

9
땅 위 에 는 풀 잎 연 등
법 계 에 는 생 명 연 등
큰 ㅡ 연 등 작 은 연 ㅡ 등
가 는 연 등 오 는 연 ㅡ 등
13
이 세 상 은 연 등 축 제
이 세 상 은 연 등 행 렬
mf 산 에 는 산 새 등 ㅡ 불
세 파 엔 등 대 등 ㅡ 불
mf 산 에 는 산 새 등 ㅡ
세 파 엔 등 대 등 ㅡ
mf

17
들 판 엔 나 비 등 불 물 살 연 등 바 위 연 ㅡ 등
화 택 엔 감 로 등 불 부 처 연 등 중 생 연 ㅡ 등
17
불 들 판 엔 나 비 등 불 물 살 연 등 바 위 연 ㅡ
불 화 택 엔 감 로 등 불 부 처 연 등 중 생 연 ㅡ
17
21
수 억 겁 을 만 들 었 네 f 나 무 끼 리 엉 퀴 어 도
수 억 겁 을 윤 회 했 네 인 연 끼 리 연 꽃 접 어
21
등 수 억 겁 을 만 들 었 네
등 수 억 겁 을 윤 회 했 네
21
mf

25
제 꽃 피 어 열 매 맺 듯 mp 삼 라 만 상 자 리 지 켜
제 목 숨 은 제 가 지 고 받 은 생 명 소 망 담 아
25
25
mp
C
29
제 등 안 에 제 불 켰 네 mf 만 등 만 ㅡ 화 밝 혀 ㅡ 있 ㅡ 는
제 등 안 에 제 불 켰 네 만 등 만 ㅡ 화 꺼 지 지 않 ㅡ 는
29
mf 만 등 만 ㅡ 화 밝 혀 ㅡ 있 ㅡ 는
만 등 만 ㅡ 화 꺼 지 지 않 ㅡ 는
29
mf

33
오 늘 은 기 뻔 날
오 늘 은 기 쁜 날
년 년 호 - 년 월 월 - 호 - 월
일 일 호 - 일 시 시 - 호 - 시
37
날 마 다 좋 - 은 - 날
날 마 다 좋 - 은 - 날
D.C

41
날 마 다 좋 — 은 — 날
41
날 마 다 좋 — 은 — 날
41
ff

백팔염주

작사/ 반 영규
작곡/ 박 범훈

(1절)
복 받 쳐 흐르는 눈 ㅡ 물 방ㅡ ㅡ 울
서 녘으로 가 고 지ㅡ ㅡ 고
알 알 이 영 롱ㅡ한 지 혜 의 사 리
(후렴2)
어 허 어 허 야

17
(2절)
mp
가 슴 을 에 이 는 이 슬 픔 ㅡ ㅡ 은
서 녘 으 로 ㅡ ㅡ 가 ㅡ 고 지 고
mp
21
조 각 마 다 곱 디 고 운 연 ㅡ 꽃 잎 mf
(후렴3)
mf 어 허 어 허 야
mf

(3절)
가 시 는 굽 이 굽 이 장 엄 하 리 ㅡ ㅡ 니
서 녘 으 로 ㅡ ㅡ 가 ㅡ 고 지 고
억 겁 에 ㅡ 쌓 인 번 뇌 사 바 에 한 이 로 세
(후렴4)
어 허 어 허 야

(4절)
한 줄 기 향으로 살 으 시 ㅡ ㅡ 고
서 녘 으 로 ㅡ ㅡ 가 ㅡ 고 지 고
mf
사 대 육 신 훌 훌 벗 어 나 소 서
(후렴5)
어 허 어 허 야

(5절)
찬 란 한 반 야 지 혜 구 름 을 타 ㅡ ㅡ 고
서 녘 으 로 ㅡ ㅡ 가 ㅡ 고 지 고
고 이 가 소 서 그 리 운 님 아
(후렴6)
어 허 어 허 야

49
(6절)
칠 보 로 ㅡ 빛 나 는 아 미 타 국 ㅡ ㅡ 토
서 녘 으 ㅡ ㅡ 로 가 ㅡ 고 지 고
53
반 열 반 연 꽃 으 로 피 어 나 소 서
(후렴7)
어 허 어 허 야

(후렴8)
어 허 어 허 야
서 녘 으 로 — — 가 — 고 지 고 어 허 어 허 야
(후렴9)
서 녘 으 로 — — 가 — 고 지 고 어 허 어 허 야
서 녘 으 로 — — 가 — 고 지 고 어 허 어 허 야

65
서 녘 으 로ㅡㅡ 가 ㅡ 고 지 고
65
서 녘 으 로ㅡㅡ 가 ㅡ 고 지 고
65
rit.
mf

찬불가 출판과 음반제작

찬불가 출판과 음반제작을 성원해주신 스님들께 감사를 드린다. 신분을 밝히지 말라는 간곡한 부탁이 있어 마음으로만 감사의 인사를 드린다.

출판사 운영이 어려운데 찬불가 악보집을 출판해주신 도서출판 민속원 홍종화 사장님께 감사를 드린다. 그리고 악보를 수정하고 교정하는데 수고해준 강상구와 안승철 제자에게도 고마움을 전한다.

해넘이

작사/ 정 다운
작곡/ 박 범훈

B
9
mp
낙조대 드는황 혼 서쪽하늘물 들이 고
채석강 지킨석 벽 책병풍에둘 러쌓 여
13
황금빛 노을깔아 서방정토가 는ㅡ길 에
설운맘 적시는가 붉게타는서 해ㅡ바 다
3
mp

17
그 광 명 다 벗 어 놓 고 바 다 건 너 가 는 해 여
너 는 왜 ㅡ 떠 나 가 며 빈 자 리 를 남 기 는 가
21
mf 고 향 내 음 ㅡ 그 리 워 ㅡ ㅡ f 변 산 반 도 돌 고 돌 아 ㅡ
사 람 마 다 ㅡ 등 불 들 고 ㅡ 인 연 찾 아 일 어 서 면 ㅡ
mf
mp

25
mp 해 변 에 ㅡ ㅡ 홀 로 앉 아 ㅡ 지 는 해 를 바 라 보 니
깜 박 이 는 ㅡ 옛 추 억 이 ㅡ 밀 물 처 럼 타 는 저 녁
29
산 천 도 두 손 모 아 연 꽃 으 로 피 어 ㅡ 나 네
해 넘 이 꿈 같 은 날 다 시 와 서 보 려 ㅡ 느 냐
mp 산 천 도 두 손 모 아 연 꽃 으 로 피 어 ㅡ 나 네
해 넘 이 꿈 같 은 날 다 시 와 서 보 려 ㅡ 느 냐
D.C

C
33
33
33
mf

뭇소리 찬불가 악보

뭇소리 찬불가 악보는 독창과 합창, 그리고 피아노반주로 되어 있다. 노래 부르는 형식과 방법은 자유롭게 선택할 수 있다. 예를 들면 독창부분을 합창으로 불러도 되고 합창이 없는 경우에는 독창으로만 불러도 된다.

노래 부르는 순서는 악보에 제시한 방법과 상황에 따라 자유롭게 조절 할 수 있다. 예를 들면 AB—AB (A.전주, B.1절)—(A전주 B.2절) AB—CB—D (A전주, B.1절)—(C간주, B.2절)—(D.종지)등으로 곡의 길이를 자유로이 조절하여 부를 수 있다.
독창의 악보만을 필요로 할 때에는 앞쪽에 수록한 독창 악보를 참고하길 바란다.

사바등대

작사/ 정 다운
작곡/ 박 범훈

B
9
mp 여 기는 사 바 세 ー 계 끝 이 없 ー 는 고 통 의 바 다
9
9
mp
13
ー 반 고 반 락 ー 인 생 ー 살 이 ー 노 를 젓 ー 는
13
13

17
사 공 이 여 ㅡ 풍 랑 은 멈 추 지 않 고 ㅡ
풍 랑 은 멈 추 지 않 고
21
번 뇌 망 상 은 새 어 들 어 숨 고 ㅡ 를 작 은 섬 에

잠 시올 ㅡ 라 쉬려는데 mf 등 대 여 불밝혀라
mf 등 대 여 불밝혀라
mp
mf
반 야용 ㅡ 성 배띄어라 ㅡ mp 산 은산 등대
반 야용 ㅡ 성 배띄어라 ㅡ
mp

33
나 무 는 나 무 등 대 세 상 이 다 등 대 려 ㅡ 니 바 람 도 석 등 에 들 ㅡ
33
mp 세 상 이 다 등 대 려 ㅡ 니 바 람 도 석 등 에 들 ㅡ
33
37
러 ㅡ ㅡ ㅡ 작 명 등 ㅡ 을 켜 고 가 네 제 몸 태 워 ㅡ
37
러 ㅡ ㅡ ㅡ 작 명 등 ㅡ 을 켜 고 가 네 제 몸 태 워 ㅡ
37

D.C
어 둠 을 밝 히 는
여 기 는 다
사 바 등 ㅡ 대
ㅡ
D.C
어 둠 을 밝 히 는
여 기 는 다
사 바 등 ㅡ 대
ㅡ
D.C
C
rit.
f

불국토 만만세

작사/ 도 문
작곡/ 박 범훈

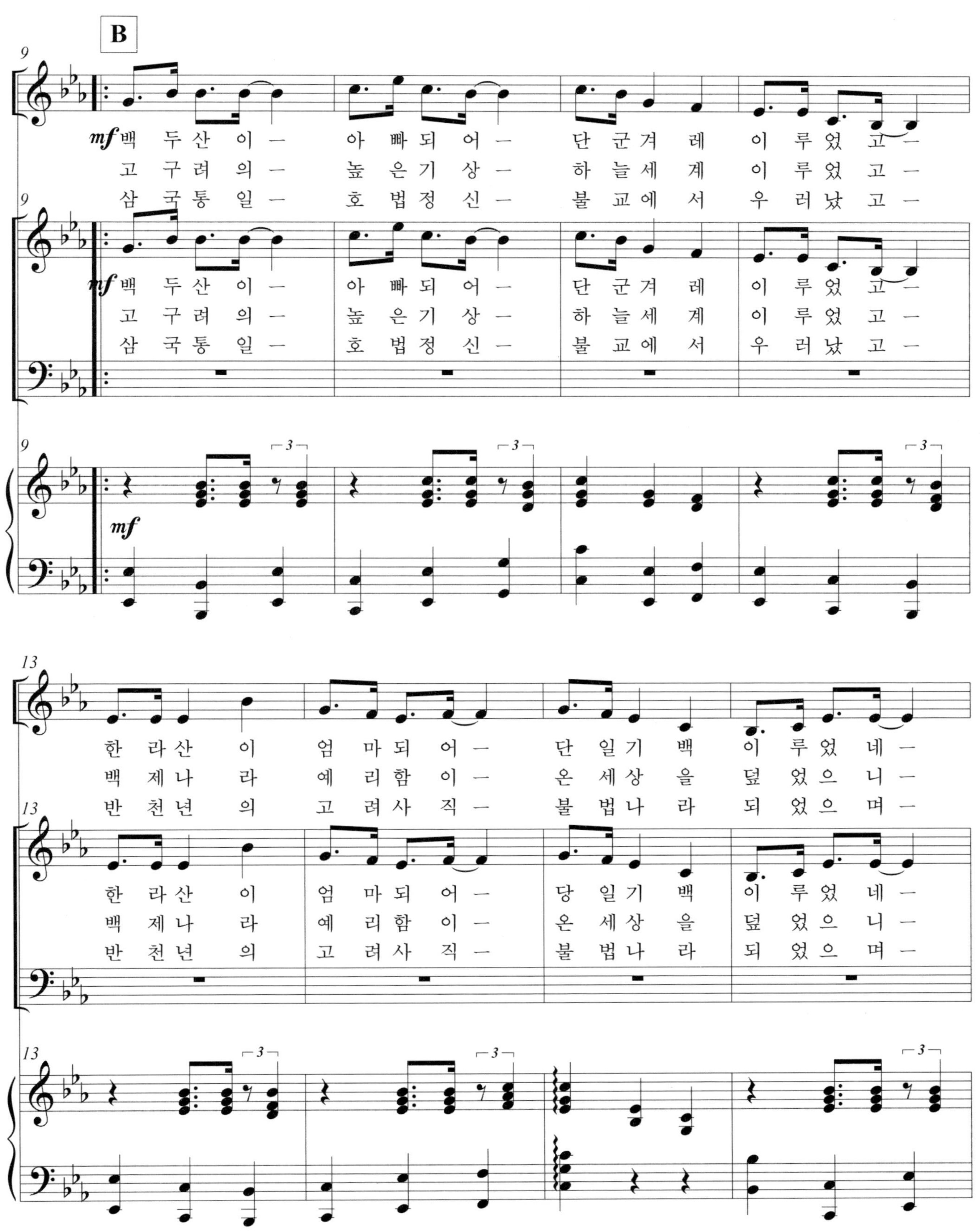
B
mf
백 두 산 이 — 아 빠 되 어 — 단 군 겨 레 이 루 었 고 —
고 구 려 의 — 높 은 기 상 — 하 늘 세 계 이 루 었 고 —
삼 국 통 일 — 호 법 정 신 — 불 교 에 서 우 러 났 고 —
mf
백 두 산 이 — 아 빠 되 어 — 단 군 겨 레 이 루 었 고 —
고 구 려 의 — 높 은 기 상 — 하 늘 세 계 이 루 었 고 —
삼 국 통 일 — 호 법 정 신 — 불 교 에 서 우 러 났 고 —
mf
3
한 라 산 이 엄 마 되 어 — 단 일 기 백 이 루 었 네 —
백 제 나 라 예 리 함 이 — 온 세 상 을 덮 었 으 니 —
반 천 년 의 고 려 사 직 — 불 법 나 라 되 었 으 며 —
한 라 산 이 엄 마 되 어 — 당 일 기 백 이 루 었 네 —
백 제 나 라 예 리 함 이 — 온 세 상 을 덮 었 으 니 —
반 천 년 의 고 려 사 직 — 불 법 나 라 되 었 으 며 —
3

북 녘 —송 회 남 녘낙 동— 젖 줄 되 어 흐 —르 니—
서 라 벌신 라 후 덕함 이— 겨 레 마 음 되 었도 다—
오 백 —년 의 조 선왕 조— 유 교 나 라 이 뤘어 라—
자 손만 대— 이 어가 며— 불 국토 를— 가 꿔가 세—
시 세계 의— 모 든이 들— 연 기법 을— 노 래하 세—
이 마음 을— 바 탕하 여— 우 리겨 레— 이 어가 세—

25
f 만 세 만 세 만 세 만 만 세 라 —
25
f 만 세 만 세 만 세 만 세 만 만 세 라 —
25
29
단 군 겨 레 만 만 세 요 — 만 세 만 세 만 만 세 라 —
29
단 군 겨 레 만 만 세 요 — 만 세 만 세 만 만 세 라 —
29

33
우 리겨 레 만 만세 라ㅡ ㅡ ㅡ
33
우 리겨 레 만 만세 라ㅡ 우 리겨 레 만 만세 라ㅡ
33
37
D.C
C
37
ㅡ ㅡ
D.C
37
D.C
ff

뭇소리 찬불가 음반

뭇소리찬불가 책에 수록된 34곡의 찬불가를 음반(CD)제작을 하였다. 기존의 국악반주로 제작된 찬불가와는 전주, 간주, 합창 등에 약간의 차이가 있음을 밝힌다. 금번 제작된 찬불가는 감상용보다는 찬불가를 배우고 시김새(노래 부르는 방법)등을 참고 하는데 필요한 자료로 활용되기를 바란다.

뭇소리 음반을 제작해주신 신나라 레코드사 정문교 사장님께 감사의 인사를 드린다. 신나라에서는 "박범훈의 음악세계"(CD16장)와 박범훈의 소리연(CD2장)을 제작하였고 국악보급에 크게 기여하고 있어 항시 감사한 마음을 담고 있다. 뭇소리 찬불가 제작에 동참해준 분들께 감사를 드린다. 찬불가를 불러주신 도신스님, 원경스님, 김성녀, 김영임, 최진숙, 최수정, 박애리, 민은경 여러분과 음반제작을 총괄해준 김회경 작곡가와 합창 지도를 해준 유훈석 지휘자에게 감사드린다.

부처님 사랑

작사/ 목 정배
작곡/ 박 범훈

B
mp
햇 빛 잃 은 ㅡ 세 상 은 어 두 움 이 요
광 명 없 는 ㅡ 세 상 은 무 명 이 고 요
mp
바 람 없 는 ㅡ 하 늘 은 숨 이 ㅡ ㅡ 막 혀 라
보 시 없 는 ㅡ 마 음 은 욕 심 ㅡ ㅡ 이 구 나

17
mf 비 ㅡ 없는 땅에는 거북이 등 바람불어오는 산하엔 나무수풀 ㅡ
웃 음 잃은 얼굴은 아수라군 밝은 햇 ㅡ 빛이 비추면 모든세상 ㅡ
mf 비 ㅡ 없는 땅에는 거북이 등 바람불어오는 산하엔 나무수풀 ㅡ
웃 음 잃은 얼굴은 아수라군 밝은 햇 ㅡ 빛이 비추면 모든세상 ㅡ
mf
21
사뿐히 춤을 추누 ㅡ 나 ㅡ
환하게 밝아 오누 ㅡ 나 ㅡ
사뿐히 춤을 추누 ㅡ 나 ㅡ
환하게 밝아 오누 ㅡ 나 ㅡ

25
mp 보슬비 — 내리는푸른들판 — 에 오곡백과익어가는 — 풍요 — 로
노래하며춤추는연꽃 — 들 — 은
mp
29
다 mf 부처님은 — 초목 — 중생 생명주는 사랑이어라 사랑이어
mf 부처님은 — 초목 — 중생 생명주는 사랑이어라 사랑이어
mf

33
라
부처님은 ㅡ초목 ㅡ중생 생명주는 사랑이어라 사랑이어
33
라
부처님은 ㅡ초목 ㅡ중생 생명주는 사랑이어라 사랑이어
33
37
D.S
라
37
D.S
라
37
D.S
f

마야대비 템플의 보리수나무

뭇소리 찬불가

찬불가 운동의 시대적 전개

박범훈 찬불가운동의 시대적 배경

1) 1990년대의 찬불가 운동

1990년대 찬불가운동의 특징은 찬불가의 '율' 적 문제를 정립하기 위한 노력에서 찾을 수 있다. 그리고 이러한 노력과 함께 교성곡풍의 국악찬불가곡이 탄생하였고, 대중적인 생활찬불가 곡들이 작곡된 점이다.

전통음악이나 전통불교음악에 뿌리를 두고 새로 작곡된 찬불가 곡이 그 동안 정체성을 찾지 못하고 작곡된 찬송가풍의 찬불가와 자연히 비교되면서 새로운 찬불가의 '율' 적 방향을 제시해 주는 역할을 하게 되었다. 그와 더불어 불교계의 지도자들과 불자들이 찬불가의 '율' 적 변화에 긍정적으로 관심을 보이기 시작하였다.

1990년대의 불교음악계에 큰 영향을 준 것은 불교방송의 개국과 함께 1991~95년까지 5년에 걸친 신작찬불가 제작 사업이었다. 이 사업의 목적 중에는 찬불가의 '율' 의 문제가 중요하게 강조되었는데 그 내용을 보면 "찬불가의 작곡은 찬송가풍의 멜로디를 지양하고 가급적 범패 · 염불의 선율에서 악상을 차용하여 작곡하도록" 권장하고 있다. 불교방송이 찬송가풍의 찬불가를 금지하고, 범패나 염불 등에 바탕을 둔 새로운 찬불가의 제작을 위해 직접 나섰다. 이러한 운동과 더불어 국악교성곡 등 전통불교음악과 관계된 새로운 찬불가운동이 전개되었다.

1990년대의 찬불불가 운동을 살펴보기 위해서는 먼저 불교방송국에서 기획한 91~95년 신작찬불가운동과 국악찬불가운동의 전개과정을 살펴볼 필요가 있다.

2) 1991년 불교방송국의 찬불가운동

불교방송국이 찬불가 제작에 직접 나선 것은 방송을 하기 위한 목적도 있었으나, 그 동안 신작찬불가가 불교음악답지 못하다는 사회적 여론을 인식하여 전통불교음악에 근거한 새로운 찬불가를 창작하고자 하는 데 주목적이 있었다. 이러한 찬불가 제작에 관한 내용은 1991년 '불교방송찬불가제작추진위원회' 에서 발표한 "새로운 찬불가의 탄생"[1]이란 글에 자세히 언급되어 있다.

1 『91 신작찬불가』, 서울:불교방송사업부, 1991.

이 글에서는 한국불교의 찬불가사업을 반성적 차원에서 생각해 본다면 문제점이 한두 가지가 아님을 전제로 하고, 그 동안 여러 사람들에 의해 지적되어 온 찬송가풍의 찬불가 보다 오히려 '어떤 노래가 찬불가인지' 기본적 개념조차 정리되어 있지 않던 현실을 지적하였다. 그리고 당시에 불리던 혼란스런 찬불가곡들을 장르별로 분류하여 정리해야 할 것을 강조하였다. 예를 들어 불교의식에서 부르는 곡은 '찬불가'로 칭하고, 가요풍의 곡은 '찬불가요', 동요풍의 노래는 '찬불동요' 등으로 예를 제시하였다. 이 문제는 앞으로 좀더 신중하게 연구되어야 할 과제로 생각되나, 이와 같은 불교방송국의 노력은 찬불가의 율 적 문제를 해결하기 위한 운동으로서 중요한 역할을 담당하였다.

다음 소개할 불교방송국의 신작 찬불가 제작 규칙을 보면 바람직한 찬불가의 창작방향을 알 수 있다.

작사는,

① 부처님에 대한 귀의와 예배의 감정 등을 간절하게 표백한 내용일 것.

② 불교의식 현장에서 대중이 함께 부르는 데 적합한 운율과 내용을 갖출 것.

③ 교리에 어긋나지 않으며, 정경 묘사와 개인적 감흥을 노래한 가사는 피할 것.

작곡은,

① 법회현장에서 의식용으로 부를 찬불가로서 부르는 이로 하여금 종교적 귀의심과 정근심을 고양시킬 것.

② 동참하는 대중들이 같이 쉽게 부를 수 있도록 음역音域을 지나치게 넓게 잡지 말 것.

③ 찬송가풍의 멜로디를 지양하고, 가급적 범패 · 염불의 선율에서 악상을 차용할 것.

위의 내규를 보면 새로운 찬불가의 문文과 율律에 대한 내용을 상세하게 요구하고 있다. 이러한 지적은 기존의 찬불가에 대한 문제점을 인정하고, 그와 다른 불교음악다운 찬불가의 작곡을 요구한 것이다. 특히 위의 기록 중에서 주목 되는 것은 찬송가풍의 멜로디를 지양하라는 내용이다. 이러한 지적을 반대로 풀어 보면, 기존의 찬불가 곡은 찬송가풍의 곡이기 때문에, 앞으로는 그런 찬불가는 작곡하지 말라는 뜻으로 볼 수 있다. 필자가 1970~80년대에 이르는 찬불가의 '율' 적 문제를 언급한 것과 맥을 같이 하고 있다.

1990년에 들어서면서 찬불가의 '율'의 문제를 불교방송국측에서 공식적으로 언급하였다. 더욱 흥미로운 것은 찬불가 작곡가에게 찬송가풍의 찬불가를 작곡하지 말고, 범패나 염불 등을 활용해서 작곡해 달라고 요청하였는데 모든 작곡가들이 이러한 요청을 받아들였다는 사실이다. 이러한 분위기가 찬불가의 '율'의 방향을 바꾸는 데 결정적 역할을 하게 된 것이다.

〈표 1〉에 정리된 곡은 1991년 불교방송국의 위촉에 의하여 작곡된 찬불가이다. 이 곡들이 제작 취지와 맞게 작곡됐는지는 음악적으로 분석해 보아야 알 수 있겠으나, 먼저 관심이 가는 것은 새로운 작사 · 작곡가들의 등장이다. 작곡가를 보면, 1960년대부터 찬불가를 작곡했던 이찬우, 70년대의 김희조 · 최영철, 80년대의 변규백 등이 포함되어 있고, 주목되는 점은 전통음악을 전공한 작곡가와 서양음악과 전통음악을 겸비한 작곡가들이 포함됐다는 점이다.

〈표 1〉 불교방송의 위촉에 따라 작곡된 찬불가 일람표

순서	구분	곡 명	작사	작 곡
1	귀의	삼보에 귀의합니다.	박제천	오인혁
2	예배	부처님께 절하오니	신동춘	백대웅
3	예배	부처님이 아니시면	이원섭	변규백
4	찬탄	청정세계 열으소서	돈 연	김희조
5	찬탄	일천 강에 비치는 달	정완영	이찬우
6	반야심경	반야심경	–	김동환
7	공양	공덕의 열매	이원섭	이종구
8	공양	이 공양 받으소서	변재근	마상원
9	참회	참회합니다	낭승만	최영철
10	발원	우리도 부처님같이	맹석분	이달철
11	발원	꽃이여 연꽃이여	청 화	변규백
12	발원	진리의 빛	정헌성	최영철

13	회향	삼보은덕 돌리나이다	박제천	김동환
14	회향	둥글고 밝은 빛	신동춘	백대웅
15	회향	거울을 닦아내듯	정완영	이무영
16	행사(진산식)	밝고 좋은 이 날에	정공채	이종구
17	행사(수계식)	맹세코 지키오리	박희진	박범훈
18	절기(출가절)	고향의 길 저편	돈 연	김희조
19	절기(성도절)	눈부신 성도의 이루심	국효문	김동환
20	절기(열반절)	열반으로 피어나는 꽃	김양식	강영화
21	축하	찬미의 나라	정완영	박범훈

예를 들면, 김희조 · 변규백 · 박범훈 · 백대웅 · 이종구 등이 그들이다. 이러한 작곡가의 동참은 앞에서 밝인 바와 같이 전통불교음악에 바탕을 둔 새로운 찬불가의 창작을 위한 목적으로 볼 수 있다. 그리고 작곡가에 있어서도 대중음악의 마상원, 순수음악의 김동환 등 다양하게 선정되었음을 볼 수 있다. 지면상 작곡된 찬불가의 악보를 소개할 수 없으나, 〈표 1〉에서 살펴본 찬불가곡의 '율' 적 성격을 분석해본 결과 기존의 찬불가와 전혀 다른 점을 발견할 수 있었다. 예를 들면 5음 음계가 중심을 이루고, 6/8, 3/4, 6/4 등의 3박자 계열이 주를 이루고 있다. 그리고 전통음악을 전공한 작곡가들의 곡은 모두 전통불교음악이나 전통음악의 특징을 지니고 있다.

불교방송국의 신작찬불가운동은 5년 간 지속되면서 총 104곡의 찬불가를 제작하였다. 이러한 불교방송국의 찬불가운동은 찬불가의 '율' 적 변화에 혁신적 역할을 담당했다고 볼 수 있다.

다음은 1991~95 신작찬불가 제작에 참여한 작곡가를 살펴보겠다. 필자가 작곡가를 살펴보고자 하는 뜻은 이들이 1990년대에 새로 등장한 찬불가 작곡가이며, 찬불가의 한국적 전개운동에 주역을 담당했기 때문이다. 그리고 기존의 찬불가를 작곡한 작곡가의 경우에도 이때부터는 작품의 성격을 달리하여 보다 한국적이고 보다 불교음악 적인 찬불가를 작곡하고자 노력했기 때문이다.

2) 91~95 신작찬불가에 참여한 작곡가(곡의 순서)

오인혁 · 백대웅 · 변규백 · 김희조 · 이찬우 · 이동환 · 이종구 · 마상원 · 최영철 · 이달철 · 이무영 · 박범훈 · 강영화 · 장일남 · 정부기 · 조광재 · 장나영 · 이철웅 · 정태봉 · 이병욱 · 최진의 · 조영근 · 박이제 · 라음파 · 이철혁 · 이인원 · 이충자 · 김회경 · 이상규.

이상 29명의 작곡가들이 5년에 걸쳐 불교방송국의 신작 찬불가 제작에 참여하였다. 위의 작곡가 중에는 전통음악을 전공했거나 또는 서양음악 전공을 겸비한 작곡가들이 다수 포함되어 있다.[2] 지금까지 살펴본 불교방송의 찬불가운동을 통하여 찬불가의 '율'적 문제와 바람직한 찬불가의 제작문제에 관한 문제를 살펴보았다. 여기서 주목 되는 것은 불교방송국에서 5년에 걸쳐 신작찬불가를 위촉하면서 작곡가들에게 찬불가의 '율'적 성격을 지정해 주었다는 점, 그리고 참여한 작곡가들이 이러한 조건을 받아들였다는 점이다. 이것은 결과적으로 당시의 찬불가에 '율'적으로 문제가 있었음을 입증하는 증거이며, 신작찬불가 작곡에 참여한 작곡가들이 이를 인정했다는 결과로 볼 수 있다. 그리고 이 문제에 대한 해답은 당시에 위촉된 작곡가들이 작곡한 찬불가의 '율'적 흐름에서 찾아 볼 수 있는데, 대부분의 작곡가들이 전통불교음악에 기반을 두고 작곡했다는 사실이다. 더욱 흥미로운 것은 1960~80년대의 찬불가 작곡가들이 참여했는데, 모두 불교방송국에서 요구하는 대로 작곡했다는 사실이다. 이러한 결과는 그 동안 본인들이 작곡한 찬불가에 '율'적으로 문제가 있음을 시인하고 있는 증거로 볼 수 있기 때문이다.

다음은 전통음악을 바탕으로 창작된 찬불가에 대하여 살펴보고자 한다. 이러한 찬불가에 해당하는 적당한 제명題名이 없어 국악찬불가운동이라 하였음을 밝힌다.

3) 국악찬불가 운동

'국악찬불가'라는 명칭은 이해를 돕기 위하여 이 항목에서 필지가 임의로 사용한 용

2 이런 부류의 작곡가로는 백대웅 · 변규백 · 김희조 · 박범훈 · 조광재 · 이인원 · 김회경 · 이상규 등를 들 수 있다.

어이다. 이는 국악기를 활용하고, 전통불교음악과 전통음악의 형식을 바탕으로 작곡된 찬불가를 칭하는 용어로서, 교성곡 · 합창곡 · 독창곡풍의 모든 곡을 말한다. 찬불가는 1990년대에 들어와서 그 종류가 다양해짐에 따라 음악적 특징에 따라 자연히 구분되어 불리게 되었으므로, 국악찬불가란 용어도 이 범주에 속한다.

그러나 필자는 국악찬불가라는 용어를 굳이 사용하고 싶지는 않다. 그 이유는 우리의 음악을 국악이라 이름 지어 부르는 것과 같은 논리이기 때문이다. 이 문제는 앞으로 우리의 찬불가가 제 모습을 찾을 때 자연히 해결되리라 믿는다. 그러나 현재로서는 찬불가의 분류 적 차원에서 그리고 이해를 돕기 위하여 부득이 사용할 수밖에 없음을 밝혀 둔다.

국악찬불가풍의 곡을 최초로 창작한 작곡가는 앞에서 언급한 바와 같이 1970년대의 김희조 · 홍원기, 80년대의 변규백, 그리고 90년대의 박범훈 · 백대웅 · 이상규 · 이병욱 · 김회경 · 이인원 등을 예로 들 수 있다. 그리고 국악교성곡풍의 찬불가로는 1991년에 초연된 석성일 작사, 박범훈 작곡의 "붓다"를 꼽을 수 있다. 60여 명의 국악관현악단과 200여 명의 합창단, 그리고 40여 분에 이르는 연주시간 등으로 보아, 이 작품을 최초의 국악교성곡으로 보는 것이다. 이 문제에 대해서는 다음 항목에서 좀더 상세하게 언급하고자 한다.

1990년대 국악찬불가의 출연으로 그 동안 찬송가풍으로 일방통행 되던 찬불가에 새로운 장이 열리게 되었다. 1970년대부터 김희조 선생이 이러한 작품을 쓰기는 했으나, 당시의 상황에서는 그 진가를 인정받기 어려웠다. 그러나 90년대에 들어서는 전통음악에 대한 인식이 달라졌고, 사회적으로는 찬불가의 '율'에 대한 여론이 갈수록 심각한 상태에 이르게 되었다. 이러한 상황 속에서 등장한 국악찬불가는 불교지도자와 많은 대중들의 관심을 끌었다. 그리고 기존의 찬불가와 '율'적으로 비교가 되면서 찬불가의 창작에 새로운 길을 제시했다.

다음은 1990년대에 국악찬불가운동의 중추적 역할을 한 필자의 찬불가를 중심으로 찬불가를 작곡하게 된 동기와 지금까지 작곡한 찬불가의 작품을 소개하고자 한다.

박범훈의 불교음악 작곡과 활동

필자가 최초로 불교음악과 관계가 있는 작품을 작곡한 것은 1969년 민속악회 창단연주회에서 발표한 국악실내악 "귀불歸佛"이다. 이곡을 작곡한 인연으로 1973년 무용극 〈사의승무〉를 작곡하면서 무용극 음악의 새로운 세계를 열게 되었고 불교음악에 관심을 갖게 되었다.

1) 귀불歸佛

1969년 민속악회창단과 더불어 창단연주회에 연주된 곡이다. 국악실내악편성으로 작곡된 기악곡으로서 전통불교 음악의 특성을 감미한 곡이다. 스님들이 부르는 평염불의 메나리조의 선율과 목탁을 비롯한 예불의식에 쓰이는 타악기 등이 등장하며 해탈을 염원하는 수행자의 모습을 그린 곡이다. 이곡이 계기가 되어 무용극 〈사의승무〉를 작곡하게 되었다.

2) 무용극 〈사의 승무〉

1973년 최초로 불교를 소재로 한 무용극 〈사의승무死의僧舞〉를 작곡하였다. 무용극의 창시자인 송범 선생의 안무로 문일지, 국수호 등의 무용들이 주인공으로 출연하였다.[3] 40분 길이의 무곡舞曲이었던 이 작품은 당시 명동에 있던 국립극장에서 공연됐는데, 곡 중에 성창순 명창이 부른 '에~ 관세음보살'로 시작되는 남도민요풍의 곡은 지금도 무용음악으로 연주되고 있다.

3) 쌍계사 국사암의 〈불교음악제〉

1984년 도올 김용옥 교수를 중심으로 결성된 철학연구모임 악서고회樂書孤會에 참여하였다. 그때 함께 동참했던 자명스님의 소개로 쌍계사 국사암과 인연을 맺었다. 국사암은 830년 진감국사眞鑑國師가 당나라로부터 귀국하여 최초로 법패를 가르친 옥천사玉泉寺현 쌍계사의 암자이다. 자명스님은 불교음악의 역사와 관계가 깊은 국사암을 소개해준 것이다. 이것이 인연이 되어 국사암에서 많은 불교음악작품을 작곡하게 되었고, 진감선사의 뜻을

3 무용극 "사의 승무"는 송범으로부터 위촉을 받아 작곡한 곡이다. 곡의 내용은 무용극 형식을 취하고 있고, 음악은 한(韓)·양(洋)악기가 혼합되어 연주되었다. 녹음으로 발표된 이 곡은 기악과 합창, 그리고 독창으로 연주되었다. 기악 연주에는 민속악회시나위 연주자들이 출연하였고, 창에는 성창순 명창, 서양악기 연주에는 당시 국립교향악단 단원들이 출연하였다. 공연은 1973년 10월 1일 명동 국립극장에서 개막되었다.

기리는 산사불교음악제를 현장에서 개최하게 되었다. 당시에 국사암 주지를 맡고 있던 석상훈 스님現 佛樂寺주지은 사찰 앞에 야외무대까지 만들어놓고 해마다 불교음악회를 주관하였다.

불교음악제에는 중앙국악관현악단과 인간문화재 안비취 선생을 비롯하여 많은 예술인들이 참여하였다. 해마다 올해 30년을 맞이하는 산사음악회는 전라남도 구례 피아골에 자리 잡고 있는 불락사에서 개최된다.

4) 88올림픽 문화축제 작품 〈하얀 초상〉

1988년 서울올림픽 공연예술작품으로서 이차돈의 일대기를 무용극화한 〈하얀 초상〉의 작곡을 위촉받았다. 1시간 20분 정도가 소요되는 대작으로서 새로운 불교음악을 작곡할 수 있는 좋은 기회였다. 연주는 중앙국악관현악단, 무용은 국립무용단이 출연하였고 지휘는 필자가 맡았다.

이 작품에서 음악적으로 관심을 끈 것은 무용극에 최초로 불교합창단(불광사마하보디합창단) 70명이 출연한 점이다. 무용극에 불교합창단이 직접 출연하여 찬불가를 부른 역사를 최초로 기록한 것이다.

〈하얀초상〉 음악구상을 위해 해인사의 아침예불을 보러 갔다. 새벽 3시에 장엄하게 거행된 예불의식은 장관이었다. 당시에 받은 감명은 지금도 잊을 수가 없다. 〈하얀 초상〉의 서곡을 해인사 아침예불 형식으로 작곡한 이유가 바로 여기에 있다. 그리고 끝부분에 전체 합창으로 부른 석성일 스님의 시 '무제無題'를 만날 수 있었던 것도 이때였다. 이 곡은 찬불가 〈길〉 이라는 제목으로 현재 도신스님이 부르고 있다. 석성일 스님과는 1991년에 국악교성곡 〈붓다〉를 함께 작사 작곡하였다.

〈하얀 초상〉을 작곡한 후 찬불가 작곡에 어느 정도 자신감을 얻었다. 찬불가란 특별한 곡이 아니라, 본인이 평소 때 추구하고 있던 작품과 다르지 않다는 것을 알게 되었다. 전통음악과 서양음악의 작곡을 겸비한 필자로서는 찬불가의 문文만 해결되면 율律은 크게 문제될 것이 없었기 때문이다.

박범훈의 교성곡과 오페라 찬불가

필자의 찬불가는 대부분 국악교성곡풍의 곡으로서 1시간 이상 연주되는 곡이다. 소개할 찬불가 작품은 교성곡이 중심을 이루고 무용극과 오페라 등 다양한 장르의 곡들이다. 찬불가의 율적律的 정체성을 찾기 위하여 국악과 융합하여 작곡하였다. 작곡 동기와 경위를 소개하면 다음과 같다.

1) 붓다

1991년 불교방송의 개국기념 위촉 작품이다.[4] 이곡은 국악관현악과합창, 그리고 독창 및 중창 등이 함께 어우러지는 교성곡이다. 1991년 11월 5일 대한민국종교음악제 때 세종문화회관 대강당에서 초연되었다. 연주회에는 60명의 국안관현악단과 200여 명의 합창단, 특별 출연자로서 석상훈 스님 · 김성녀 · 주병선등이 출연하였다.

〈붓다〉는 전통불교음악과 전통음악을 바탕으로 작곡된 새로운 찬불음악이다. 부처님의 일대기를 장편 시로 가사 화 하였고 극적인 요소를 감미한 작곡기법에서 대중들의 관심을 끓었다. 출연진도 합창단을 비롯하여 무용단 그리고 특별출연자들이 대거 출연하여 종합적인 칸타타형식을 갖추고 있어 듣고 보고 느낄 수 있는 총체적 작품이라는 점에서 호평을 받았다.

연주회를 통하여 확인할 수 있었던 중요한 사실은 많은 대중들이 우리적인 새로운 '율'에 흥미를 갖고 있었다는 점이다.

〈붓다〉의 공연은 전국적으로 확산되어 1992년 4월에는 불교방송 개국2주년 기념공연으로 서울을 비롯하여 창원 · 부산 · 대구 · 광주 · 전주 등을 순회하면서 공연하였다.

2) 보현행원송

〈붓다〉의 연주가 성공적으로 끝나자 두 번째로 〈보현행원송〉을 작곡하여 1992년 4월 2일 세종문화회관에서 연주하였다.

〈보현행원송〉은 불광사 주지스님이셨던 고광덕高光德큰스님께 작사를 받아 작곡하였

4 〈붓다〉: 석성일 작사 박범훈 작곡, 제작 : 불교방송. 기획, 공연담당 : 김학주 총보(總譜)는 『찬불가전집』(서울 : 保林社, 1993), 제8권에 수록되어 있다.

다. 약 1시간 40분 정도 되는 대합창곡이다.

〈보현행원송〉을 작사한 광덕큰스님은 불교음악의 중요성을 강조한 스님으로서 일찍부터 찬불가 작사에 관여해 왔으며, 많은 찬불가 작품을 남겼다. 광덕스님의 찬불가운동에 관한 내용은 다음 기회에 별고를 통하여 상세히 밝히기로 하고, 본 항목에서는 교성곡과 관련된 작품에 한하여 언급하고자 한다.

〈보현행원송〉은 〈붓다〉와 같은 형식으로 작곡되었으나 연주에 있어서 많은 차이를 보였다. 먼저 연주에 참여한 합창단원 500명이 대부분 불광사 신도들이었다는 점이다. 비전공자들이 처음 대하는 국악교성곡 연습에 2개월 이상 열심히 임하는 모습에서 국악교성곡에 대한 남다른 관심을 확인할 수 있었고 합창에 참여한 단원 모두가 국악풍의 선율에 만족하고 있음을 확인할 수 있었다. 〈보현행원송〉 공연에 관해서는 『불광佛光』 1999년 4월호 "묘성불妙聲佛 광덕 큰스님" 난에 상세하게 소개되어 있다.

3) 부모은중송

〈부모은중송〉은 〈보현행원송〉에 이어 광덕스님께 작사를 받아 작곡한 곡이다. 1996년 5월 11~12일에 국립국악관현악단 제4회 정기연주회 작품으로 연주되었다. 이 곡은 〈보현행원송〉에 이어 세 번째로 작곡된 국악교성곡이다. 연주에는 중앙불교합창단과 불광사합창단 그리고 각 사찰에서 선발된 연합합창단이 출연하였다. 그리고 독창에는 안숙선 · 김성녀 · 김영임 · 도신스님 등이 출연하였다.

〈부모은중송〉은 작곡위촉을 받고 3년이 지난 후에야 완성되었다. 그 이유는〈보현행원송〉작곡 직후에 또 다른 교성곡을 작곡해야 한다는 부담 때문이었다.

〈부모은중송〉은 보다 전통음악적으로 작곡되었다. 이 곡의 독창부분은 회심곡풍의 선율과 남도계면조풍의 가락이 중심을 이루고 있으며, 합창이 극적내용을 이끌고 있는 것이 특징이다.

4) 용성

1998년 4월 23~25일 국립극장 대극장에서 국립국악관현악단 제12회 정기연주회에 공연된 작품이다. 이곡은 찬불가의 창시자로 알려진 백용성 스님의 찬불가운동에 관한 논문을 쓰면서 스님의 일대기를 작곡하게 된 것이다. 한보광 스님의 기획과 용성의 불사를 이어가고 있는 임도문 스님(대각사 · 대성사 조실)의 원작, 그리고 목정배 선생의 작시로 작곡하였다. 연주회와 함께 극장 현관에서는 필자가 김정묵의 『찬불가』악보집 처음 발견한 백용성의 찬불가 악보 5곡이 전시되었다.

5) 진감

2000년 국립국악관현악단 제 18회 정기연주회의 작품으로서 국립중앙극장 대극장에서 연주 되었다. 국립국악관현악단과 국립창극단, 국립무용단, 그리고 연합불교합창단이 출연하였다. 이작품은 필자가 불교음악을 연구하면서 진감선사에 대한 일대기를 자진해서 작곡하였다. 진감선사께서 830년 당나라에서 유학을 마치고 옥천사(하동 쌍계사)에서 최초로 범패를 가르친 기록이 전하고 있어 불교음악의 효시로 보고 있기 때문이다. 목정배 교수님께 작사를 의뢰하여 교성곡풍에 극적인 요소를 감미하여 작곡한 곡이다. 당시 국립창극단 왕기철 명창이 진감선사의 역을 맡아 출연하였다.

6) 직지

2000년 11월 10~11일 충북오페라단에서 공연한 작품이다. 김민형 대본, 장영철 각색, 박범훈 작곡으로 우리나라에서 최초로 작곡된 불교오페라이다.

청주시립교향악단, 국립국악관현악단, 중앙국악관현악단, 청주시립합창단, 대전시립무용단 등이 대거 출연하였다.

묘덕 역에 신동의, 이순화, 백운화상에 김명지 등의 성악가들이 출연하였다.

필자는 10년에 걸쳐 교성곡풍의 국악찬불가 5작품과 오페라 1작품을 작곡하였다. 이 작품들은 초파일행사를 비롯하여 국악관현악단과 오페라단의 정기연주회 등에서 연주되었다. 이상과 같은 대형 찬불음악이 연주되면서 서양 오케스트라와 불교합창단이 연주하는 대합창곡들이 작곡되기 시작하였다.

지금까지 작곡한 국악교성곡은 찬불가의 '율'적 변화에 대한 인식을 바꾸기 위함이었는데 주목할 만한 결과는 합창단원들이 우리적인 가락에 흥미를 갖게 되고 그 동안 거부감을 느끼고 있었던 몇몇 합창단 지도자들의 인식이 바뀌었다는 사실이다. 서양음악에 편향되어 있던 불교합창단 지휘자들이 전통음악에 관심을 보이기 시작하였다. 이러한 현상은 자연히 불교음악다운 새로운 찬불가의 '율'에 대한 관심으로 이어지면서 전통음악풍의 찬불가에 대한 긍정적인 인식으로 확대되어 갔다. 그러나 아직까지도 각 사찰에서 부르고 있는 찬불가 중에는 예전과 다를 바 없이 찬송가풍의 곡들이 주를 이루고 있다.

필자는 불교음악 작곡과 인연을 맺은 후 불교음악의 학문적 연구의 필요성을 느끼게 되었다. 그 동안 문제가 되어 온 찬불가의 '율'적 문제는 작곡가에게만 있는 것이 아니라 불교 음악의 학문적 연구가 결여된 데에 있다는 것을 알게 됐기 때문이다. 늦은 나이에 동국대학교 대학원 불교학과 박사과정에 입학 하면서 목정배 교수님과 인연을 맺게 되었다. 논문 지도교수 겸 찬불가 작사자와 만난 것이다. 이를 계기로 국악풍의 생활찬불가를 다수 작곡하게 되었다.

박범훈의 국악찬불가

국악찬불가란 용어대로 국악풍의 찬불가란 뜻이다. 국악찬불가란 이름을 붙인 것은 기존 찬송가풍의 찬불가와 차별성을 강조하기 위한 것이다.

첫 번째로 작곡한 국악풍의 찬불가는 정완영 작사 〈찬미의 나라〉, 박희진 작사 〈맹세코 지키오리〉이다. 이곡은 1991년 불교방송에서 찬불가의 정체성 확립과 보급을 위하여 특별히 작곡가에게 의뢰 하여 작곡된 곡이다.

〈찬미의 나라〉는 굿거리장단에 5음 음계로 되어 있어 흥겹게 부를 수 있는 민요풍으로 되어 있고, 〈맹세코 지키오리〉는 메나리조 선율로 되어 있어 평 염불조의 분위기가 난다.

두 번째 작곡한 국악찬불가 곡은 1993년 반영규 작사의 〈무상계〉, 〈어화너〉, 〈보리이루리〉 등의 곡이다. 남도계면조 풍의 〈어화너〉와 경기 상여소리, 상두가조의 〈어화너〉를 김성녀, 김영님 선생이 부르면서 국악풍의 찬불가의 특성을 선보이게 되었다. 경기민요조의 광덕 스님 작사 〈탑돌이〉곡도 관심을 끌었다.

김한영 작사의 〈가야지는〉는 원래 MBC TV 드라마 주제곡으로 작곡되었으나 곡의 분위기가 너무 슬프다는 이유로 효과음악으로만 쓰였는데 김영님 선생이 찬불가로 불러 알려지게 되었다.

세 번째로 국악찬불가의 전기를 맞이한 것은 1994년 필자가 동국대 박사과정을 준비하면서 동국대학교 목정배 교수님과 만남에서 시작된다. 불교 학자이신 목 교수님은 찬불가 작사에 남다를 실력을 갖추고 계셔서 만날 때 마다 찬불가 작사를 주셨다.

목적배 작사의〈거룩한 손〉, 〈연꽃향기 누리 가득히〉, 〈연잎바람〉, 〈부처님사랑〉,등의 다수의 찬불가를 작곡하게 되었다.

1998년 덕신 스님과 인연을 맺어 〈부처님오신 날〉을 작곡하게 되었다. 이곡은 부처님의 탄생을 축하하는 뜻에서 흥겹게 춤추며 노래하도록 흥겨운 굿거리장단에 민요풍으로 작곡하였다.

지금까지 작곡한 국악풍의 찬불가는 금번 출간한 박범훈의 『뭇소리 찬불가』에 악보가 수록되어 있으며, 곡에 대한 자세한 내용은 "박범훈 찬불가 목록"에 상세히 소개되어 있다.

『뭇소리 찬불가』에 수록된 국악찬불가는 다음과 같다.

01. 부처님 오신 날
02. 연꽃향기 누리 가득히
03. 찬미의 나라
04. 거룩한 손
05. 날마다 좋은날
06. 길
07. 가야지
08. 무상계
09. 귀거래
10. 어화너
11. 놓아라 삼세인연
12. 탑돌이
13. 사리여
14. 꽃을 받치나이다.
15. 미륵님 오시네
16. 보리이루리
17. 금강송
18. 산사의 봄
19. 연잎바람
20. 목탁새
21. 오실이 가실이
22. 해넘이
23. 사바등대
24. 니르바나
25. 백팔염주
26. 원왕생가
27. 오계의 노래
28. 경허만공스님
29. 범어사가
30. 안국선원가
31. 불국토 만만세
32. 돌 부처
33. 석굴암가
34 부처님 사랑

국악찬불가는 국악적 시김새의 표현을 위하여 국악을 전공한 창자(唱者)가 노래를 불렀다. 현재까지 작곡한 필자의 찬불가는 오아시스레코드사에서 7매의 CD음반(『박범훈의 불교음악』)으로 출반되었다.[5] 그리고 금번 박범훈의 『뭇소리 찬불가』 출판을 계기로 신나라레코드사에서 34곡을 모두 CD로 제작 하였다.

앞으로 계속해서 불교음악 창작에 정진하고자 한다. 보다 우리 적이고 불교적인 새로운 찬불가의 창작에 열의를 다할 것이다. 그리고 불교음악의 발전을 위하여 불교음악의 학문적 연구에도 매진 할 것이다. 필자의 이러한 노력이 후학들의 불교음악 연구와 창작에 조금이나 도움이 되기를 염원하고 있다.

5 『박범훈의 불교음악』 : 제1집 붓다, 제2집 보현행원송, 제3집 무상, 제4집 부모은중송, 제5집 김성녀의 찬불가, 제6집 이차돈의 하늘, 제7집 용성.

찬불가의 회고와 발전적 제언

창작찬불가의 관한 문제는 크게 세 가지로 나누어 요약할 수 있다. 그 첫 번째는 찬불가란 어떤 음악인가에 관한 문제이며, 두 번째는 찬불가의 탄생과 전래과정, 그리고 불교음악 적 역할이다. 세 번째는 찬불가의 '율'에 관한 문제인데 이 문제는 찬불가뿐만 아니라 불교음악연구에 있어서 앞으로 계속 풀어 나가야 할 화두이다.

창작찬불가는 근 · 현대에 새롭게 창작된 불교음악의 한 갈래이며, 대부분이 전통불교음악과는 다른 서양음악기법으로 작곡된 곡이다.

초기 찬불가 운동은 승려들을 중심으로 시작되었으나 재가불자들과 전문음악인들이 참여하면서 보편화되었고, 새로운 찬불가가 불교의식에 활용되기 시작하였다. 이상의 과정을 시대별로 간략하게 정리해보면 다음과 같다.

1920년대는 백용성 스님을 비롯한 승려들을 중심으로 찬불가가 탄생한 '찬불가 탄생기'로 볼 수 있다.

1960년대는 6.25전쟁이후 중단됐던 '찬불가 운동의 재기'로 볼 수 있다.

1970년대는 재가불자 및 전문 작곡가에 의하여 가장 활발하게 찬불가가 작곡된 시기로서 '찬불가의 개화기'로 볼 수 있다.

1980년대는 각 사찰에 불교합창단이 창단 되고 예불의식 및 불교행사에 각 사찰에 소속된 합창단의 활동이 활발해 지는 '찬불가의 성숙기'로, 볼 수 있다.

1990년대는 '찬불가의 율 적 문제' 가 제기되고 불교방송 개국과 더불어 '불교음악다운 찬불가 제작' 운동이 시작되었다.

찬불가의 '율'적 문제는 앞으로도 해결해야 할 중대한 문제임으로 좀 더 상세히 살펴볼 필요가 있다.

찬불가의 탄생 초기(1920~40년대)에는 '율'보다는 '문'이 중심이 됐다. 스님들이 찬불가 가사는 쓸 수 있었는데 작곡은 할 수가 없어서 어쩔 수 없이 방편 책으로 찬송가에 가사를 바꿔 찬불가를 불렀고, 일본노래에 가사를 바꿔 찬불가를 불렀다. 어린이 동요 "우리집 강아지"를 "우리 절 부처님"으로 가사를 바꿔 부를 정도였다.

찬불가의 개화기와 성숙기(1970~80년대)에는 서양음악 전공자들에 의하여 찬불가가 작곡되었는데 문제는 여기에 있다. 스님들은 작곡을 할 수 없어 방편 책으로 노가바(노래 가사 바꿔 부르기)식을 택했지만 전문작곡가들에게 위촉하여 작곡한 찬불가가 찬송가풍으로 작곡되었다는 것은 문제가 심각하다. 결론적으로 이는 전통불교음악의 특성을 모르고 작곡한 결과로 볼 수 있는데 1990년대에 들어서서는 이러한 찬불가의 '율'적 문제를 해결하기 위하여 불교방송을 선두로 불교음악다운 찬불가 제작 운동이 본격화 되었다.

불교의식과 찬불가

1) 예불의식의 변화

한국불교의식은 크게 두 종류로 나누어 볼 수 있다. 그 첫 번째는 영산재와 같은 전통불교의식이고, 두 번째는 현재 사찰에서 행하고 있는 일반 적인 예불의식이다. 찬불가가 활용될 수 있는 불교의식은 두 번째에 해당한다. 첫 번째인 전통불교의식은 우리의 소중한 문화유산이므로 원형을 잘 보존해야 한다. 현재 국가적인 차원에서 무형문화재로 지정하여 보존하고 있는 이유가 여기에 있다. 그러나 두 번째인 일반적인 예불의식은 과감하게 변화시킬 필요가 있다. 특히 스님이 중심이 되어 진행 하는 예불의식 음악은 일반 불자들이 쉽게 동참할 수가 없다. 더욱이 사찰마다 의식의 순서와 쓰이는 예불음악이 조금씩 다르기 때문에 혼란을 초래하고 있다. 이 문제를 해결하기 위해서는 각 사찰마다 예불의식의 순서와 형식을 통일하고, 그 의식에 따른 찬불가를 지정하여 대중들이 함께 참여할 수 있도록 해야 한다. 이러한 근본적인 제도적 개혁이 이루어지지 않고서는 찬불가의 활용과 그에 따른 대중들의 예불의식 참여는 어려울 것이다.

2) 의식찬불가 제작

현재 불교의식에서 불리고 있는 〈삼귀의〉 〈사홍선원〉 등의 찬불가는 1970년 초에 조계종 총무원에서 실시한 찬불가 공모에 당선된 곡이다. 보편화되어 전국사찰에서 또는 불교행사에서 대표적인 의식음악으로 쓰이고 있으나 앞에서 언급한 바와 같이 율 적 문제가 거론되고 있다.

근래에 와서 범 종단 적 차원에서 시행하고 있는 불교의식 에서는 창작찬불가의 삼귀의보다는 전통적으로 전래 되고 있는 염불식의 〈삼귀의〉를 부른다. 이러한 현상에서 창작된 의식찬불가의 율 적 문제의 심각성을 느낄 수 있다.[6] 이 문제의 해결을 위해서 다음과 같은 방법을 제안한다.

먼저 예불의식의 종류에 따라 부르는 찬불가의 곡목을 결정한 다음 그 곡에 해당하는 가사를 위촉하거나 공모한다. 가능한 한 위촉하는 것이 효과적일 것이다. 가사의 선발은 많은 의견의 수렴과 공청회 등을 거치고, 경우에 따라서는 공동으로 제작하는 것도 효과적일 것이다.

가사가 결정되면, 같은 가사를 여러 작곡가에게 위촉하여 작곡하도록 한다. 그리고 전문가와 많은 대중들의 의견을 수렴하여 적당한 곡을 선발한다. 경우에 따라서는 공동작곡도 효과적일 것이다.

찬불가의 '율'에 관한 문제는 작곡하기 전에 확실한 약속이 되어 있어야 한다. 그 내용은 1991년 불교방송에서 발표했듯이 전통불교음악이나 전통음악적 특징에 바탕을 두고, 일반 대중이 쉽게 부를 수 있도록 작곡해야 한다는 것이다.

찬불가의 반주음악은 될 수 있는 한 국악기國樂器로 연주하는 것이 바람직하다. 왜냐하면 국악기는 『고승전』의 기록에서 볼 수 있듯이 고대로부터 불교음악 연주에 사용되어 왔고 그 악기가 지금에 이르러 전통음악 연주에 활용되고 있기 때문이다.

의식찬불가가 완성되면 악보와 녹음된 음원CD등을 전국 사찰로 보내어 예불의식에 활용하도록 하면 빠른 시간 내에 보급될 수 있을 것이다.

이 문제는 종단을 초월하여 하루빨리 진행되어야 할 소중한 과제로 생각된다. 이상과 같은 방법이 아니고서는 정체성을 갖춘 예불의식용 찬불가의 탄생은 기대하기 어려울 것이다.

6 1990년부터 1999년까지 동대문에서 거행된 사월초파일기념행사에서는 현재 대중화되어 있는 "삼귀의"·"사홍서원"을 부르지 않고 염불식 전통 "삼귀의"·"사홍서원"을 국악관현악반주로 편곡하여 활용하였다. 이 곡을 대중들이 쉽게 부를 수는 없지만 대중들이 기존의 창작찬불가보다는 불교의식음악으로서의 가치성을 더욱 인정하고 있는 면에서 그 근거를 찾을 수 있다.

불교음악가의 육성

불교음악의 발전을 위해서는 작곡 · 지휘 · 기악 · 성악 · 이론 등 다양한 방면의 불교음악을 전공하는 전문가를 양성해야 한다. 그리고 그들로 하여금 자국自國의 독특한 불교음악을 창출하도록 해야 한다. 이러한 교육은 승려를 비롯하여 일반 불자들에 이르기까지 불교관련 각 교육기관에서는 필수적으로 해야 한다. 특히 승려의 행자교육과 사찰의 강원교육 과정에서는 불교음악 과목을 전공과목과 동일하게 교육시켜야 한다.

그리고 불교합창단을 지휘하고 지도할 수 있는 전문음악가의 육성도 시급한 과제이다. 작곡된 찬불가의 효과적인 연주를 위해서는 전문지도자의 역할이 크기 때문이다. 지금까지 불교합창단을 지도해 온 지휘자들은 대부분 서양음악만을 전공한 자로서 전통불교음악 및 전통음악의 특성에 대한 이해가 부족한 경우가 많다. 이로 인하여 더욱더 찬송가풍에 가까운 찬불가를 가르치게 된 것이다. 바람직한 찬불가의 창작과 함께 찬불가를 올바르게 지도할 수 있는 전문음악가의 육성은 필수적인 과제가 아닐 수 없다.

현시대의 찬불음악은 우리나라뿐만 아니라 불교권의 모든 나라에서 새로운 모습으로 창작되고 있다. 중국 · 대만 · 태국 · 일본 등을 비롯한 아시아의 불교 국아에서는 새로운 찬불음악의 창작에 많은 노력을 기울이고 있다. 특히 대만과 일본에서는 창작찬불가의 음반 및 악보출판이 활발하게 이루어지고 있으며, 이러한 찬불가들은 예불의식과 불교행사에 적극 활용되고 있다. 그들의 찬불가를 들으면, 그 나라의 불교음악의 특징을 느낄 수 있는데 이는 찬불가의 '율'이 자국음악自國音樂의 특징을 지니고 있기 때문이다. 지금 우리가 부르고 있는 찬불가를 외국사람이 들으면 한국적인 불교음악으로 느낄 수 있을 런지 의문이 간다.

글로벌 시대에 한류가 세계를 흔들고 있는 호시절에 역사 깊은 한국불교의 찬불음악이 우리 국민은 물론이고 세계인들이 함께 공감할 수 있도록 함께 노력해 갈 수 있기를 바라면서 이를 위 하여 불교음악 전문인 양성에 불교계가 모두 큰 관심과 성원이 있기를 바라는 바이다.

뭇소리
찬불가

박범훈의
불교음악

작품 목록

▪ 1970

1. 〈귀불(歸佛)〉
실내악 / 작곡 · 지휘 : 박범훈 / 민속악회 시나위 제1회 연주회 작품/ 15분 / 10. 22 / YMCA 강당/

▪ 1973

2. 〈사의승무(死의僧舞)〉
무용극 / 작곡 · 지휘 : 박범훈 / 안무 : 송범 / 국립명동극장 / 연주 : 민속악회 시나위 /
무용 : 문일지, 국수호외 국립무용단

▪ 1988

1. 〈하얀초상(이차돈의 하늘)〉
무용극 / 작곡 · 지휘 : 박범훈 / 안무 : 국수호 / 88올림픽 공연예술작품 / 1시간 20분/ 9. 28~29 /
국립중앙극장 / 연주 : 중앙국악관현악단

▪ 1989

1. 〈예불〉
관현악과 합창 / 작곡 : 박범훈 / 지휘 : 박상진 / 중앙국악관현악단 제4회 정기연주회 작품 / 15분 / 5.6 /
호암아트홀 / 합창 : 불광사 합창단, 동국대학교 합창단
2. 〈아제아제〉
합창곡 / 작곡 : 박범훈 / 지휘 : 박상진 / 중앙국악관현악단 제4회 정기연주회 자품 / 1시간 10분 / 5.6 /
호암아트홀 / 합창 : 불광사 합창단, 동국대학교합창단

▪ 1991

1. 〈붓다〉
교성곡(交聲曲) / 작사 : 석성일 스님 / 작곡 · 지휘 : 박범훈 / 91대한민국종교음악제 / 1시간 20분 /
11.5 / 세종문화회관 / 연주 : 중앙국악관현악단, 불교연합 합창단, 김성녀, 주병선
2. 〈찬미의 나라〉
찬불가 / 작사 : 정완영 / 작곡 : 박범훈 / 불교방송 위촉 작품 / 호암아트홀 / 합창 : 불교방송합창단
3. 〈맹세코 지키오리〉
찬불가 / 작사 : 박희진 / 작곡 : 박범훈 / 불교방송 위촉 작품 / 호암아트홀 / 5분 / 합창 : 불교방송합창단

▪ 1992

1. 〈보현행원송〉
교성곡 / 작사 : 광덕 스님 / 작곡 · 지휘 : 박범훈 / 불광사 특별기획 불교음악의 밤 / 4.2 /세종문화회관 /
1시간 40분 / 연주 : 중앙국악관현악단, 불광사합창단, 김성녀, 송창식, 중앙디딤무용단
2. 〈一然 큰스님〉
찬불가 / 작곡 : 박범훈 / 지휘 : 조미미 / 一然선사 추모법회 / 7.1 / 조계사 / 15분 / 합창 : 조계사 합창단

▪ 1993

1.〈보리 이루리〉

찬불가 / 작사 : 반영규 / 작곡 · 지휘 : 박범훈 / KBS국악관현악단 제57회 정기연주회 / KBS홀 / 4분 / 노래 : 우순실 / 합창 : 불교연합합창단

2.〈꽃을 바치나니다(무상인)〉

찬불가 / 작사 : 고은 / 작곡 · 지휘 : 박범훈 / KBS국악관현악단 제57회 정기연주회 / KBS홀 / 6분 / 노래 : 우순실 / 합창 : 불교연합합창단

3.〈가야지〉

찬불가 / 작사 : 김한영 / 작곡 · 지휘 : 박범훈 / KBS국악관현악단 제57회 정기연주회 / KBS홀 / 4분 / 노래 : 김영님 / 합창 : 불교연합합창단

4.〈탑돌이〉

찬불가 / 작사 : 광덕 스님 / 작곡 · 지휘 : 박범훈 / KBS국악관현악단 제57회 정기연주회 / KBS홀 / 10분 / 노래 : 김영님 / 합창 : 불교연합합창단

5.〈무상계〉

찬불가 / 작사 : 반영규 / 작곡 · 지휘 : 박범훈 / KBS국악관현악단 제57회 정기연주회 / KBS홀 / 8분/ 노래 : 김성녀 / 합창 : 불교연합합창단

7.〈어화너〉

찬불가 / 작사 : 반영규 / 작곡 · 지휘 : 박범훈 / KBS국악관현악단 제57회 정기연주회 / KBS홀 / 8분/ 노래 : 김태곤 / 합창 : 불교연합합창단

8.〈길〉

찬불가 / 작사 : 석성일 스님 / 작곡 · 지휘 : 박범훈 / KBS국악관현악단 제57회 정기연주회 / KBS홀 / 5분/ 노래 : 김태곤 / 합창 : 불교연합합창단

▪ 1994

1.〈거룩한 손〉

찬불가 / 작사 : 목정배 / 작곡 : 박범훈 / 중앙불교합창단 창단연주회 작품 / 12.19 / 인터콘티넨탈호텔 그랜드볼룸 / 6분 / 노래 : 김성녀 / 연주 : 중앙국악관현악단 / 합창 : 중앙불교합창단 /

2.〈사리여〉

찬불가 / 작사 : 목정배 / 작곡 : 박범훈 / 오아시스레코드사 / 박범훈의 불교음악 / 김성녀의 찬불가 / 수록

3.〈미륵님 오시네〉

찬불가 / 작사 : 목정배 / 작곡 : 박범훈 / 오아시스레코드사 / 박범훈의 불교음악 / 김성녀의 찬불가 / 수록

4. 〈부처님 오신날〉

찬불가 / 작사 : 덕신 스님 / 작곡 : 박범훈 / 오아시스레코드사 / 박범훈의 불교음악, 「김성녀의 찬불가」 수록 / 96년 부처님 오신날 기념행사 연주곡 / 동대문운동장 / 노래 : 김성녀 / 연주 : 중앙국악관현악단 /합창 : 불교연합합창단

5.〈연꽃향기 누리 가득히〉

찬불가 / 찬불가 / 작사 : 목정배 / 작곡 : 박범훈 / 오아시스레코드사 / 박범훈의 불교음악,「김성녀의 찬불가」 수록 / 97, 중앙국악관현악단 창단 10주년기념 대 음악회 연주곡 / 예술의전당 콘서트홀 / 4분 / 노래 : 김성녀 / 연주 : 중앙국악관현악단

6.〈연잎바람〉

찬불가 / 작사 : 목정배/ 작곡 : 박범훈 / 오아시스레코드사 / 박범훈의 불교음악 / 「김성녀의 찬불가」수록

노래 : 김성녀 / 합창 / 불교연합합창단

7.〈부처님 사랑〉

찬불가 /작사 : 목정배/ 작곡 : 박범훈 / 오아시스레코드사 / 박범훈의 불교음악 / 「김성녀의 찬불가」수록 /

노래 : 김성녀 / 합창 : 불교연합합창단

■ **1996**

1.〈부모은중송〉

교성곡 / 작사 : 광덕 스님 / 작곡 · 지휘 : 박범훈 / 불광사 위촉 작품 / 국립극장 / 효를 위한 음악회 /

연주 : 국립국악관현악단 / 합창 : 불교연합합창단 / 노래 : 김영님 등

■ **1998**

1.〈용성(龍城)〉

교성곡 / 원작 : 도문스님 / 작사 : 목정배 / 작곡 · 지휘 : 박범훈 /

국립국악관현악단 제12회 정기연주회작품/ 4.23-25 / 연주 : 국립국악관현악단 /

창 : 안숙선, 김성녀, 유희성 / 합창 : 불교연합합창단 / 범패 및 작법 : 법현스님

■ **2000**

1.〈진감(眞鑑)〉

교성곡 / 작사 : 목정배 / 작곡 · 지휘 : 박범훈 / 국립국악관현악단 제18회 정기연주회작품/

국립중앙극장 / 연주 : 국립국악관현악단 / 합창 : 불교연합합창단, 국립창극단 /

연극 : 국립극단, 미추극단 / 무용 : 국립무용단

■ **2000**

1.〈직지(直指)〉

오페라 / 김민형 대본 / 장영철 각색 / 박범훈 작곡 / 우리나라에서 최초로 작곡된 불교오페라/

2000년 11월 10-11일 충북오페라단 공연 / 청주 문화예술회관 / 연주 : 청주시립교향악단 /

국립국악관현악단 / 중앙국악관현악단 / 청주시립합창단 /

대전시립무용단 묘덕 : 신동의 / 이순화 / 백운화상 : 김명지 등등 다수 성악가 출연

■ **2002**

1.〈귀거래〉

찬불가 / 작사 : 류종민 / 작곡 : 박범훈 / 오아시스 레코드사 / 박범훈의 음악세계, 불교음악 시리즈 3 /

「김성녀의 찬불가」수록

2.〈금강송〉

찬불가 / 작사 : 류종민 / 작곡 : 박범훈 / 오아시스 레코드사 / 박범훈의 음악세계, 불교음악 시리즈 3 /

「김성녀의 찬불가」 수록

■ 2004

1.〈백팔염주〉
찬불가 / 작사 : 반영규 / 작곡 : 박범훈 / 신나라레코드사 / 「 최영숙 새노래」 수록 / 노래 : 최영숙 / 연주 : 중앙국악관현악단 / 합창 : 중앙대학교 국악대학 음악극과

2.〈돌부처〉
찬불가 / 작사 : 반영규 / 작곡 : 박범훈 / 신나라레코드사 / 「 최영숙 새노래」 수록 / 노래 : 최영숙 / 연주 : 중앙국악관현악단

3.〈해넘이〉
찬불가 / 작사 : 정다운 스님 / 작곡 : 박범훈 / 신나라레코드사 / 「 최영숙 새노래」 수록 / 노래 : 최영숙 / 연주 : 중앙국악관현악단 / 합창 : 중앙대학교 국악대학 음악극과

4.〈날마다 좋은날〉
찬불가 / 작사 : 정다운 스님 / 작곡 : 박범훈 / 신나라레코드사 / 「 최영숙 새노래」 수록 / 노래 : 최영숙 / 연주 : 중앙국악관현악단 / 합창 : 중앙대학교 국악대학 음악극과

5.〈놓아라 삼세인연〉
찬불가 / 작사 :정다운 스님 / 작곡 : 박범훈 / 신나라레코드사 / 「 최영숙 새노래」 수록 / 노래 : 최영숙 / 연주 : 중앙국악관현악단 / 합창 : 중앙대학교 국악대학 음악극과

■ 2013

1.〈산사의 봄〉
찬불가 / 작사 :정다운 스님 / 작곡 : 박범훈 / 지휘 : 김회경 / 박범훈의 소리연 / 국립극장 해오름극장 / 노래 : 민은경 / 연주 : 국립국악관현악단 / 합창 : 조계사 합창단

2.〈목탁새〉
찬불가 / 작사 :정다운 스님 / 작곡 : 박범훈 / 지휘 : 김회경 / 박범훈의 소리연 / 국립극장 해오름극장 / 노래 : 도신 스님 / 연주 : 국립국악관현악단 / 합창 : 조계사 합창단

3.〈경허만공스님〉
찬불가 / 작사 : 반영규 / 작곡 · 지휘 : 박범훈 / 경허스님 추모음악회 / 수덕사 / 노래 : 도신스님, 김성녀 / 합창 : 조계사합창단

■ 2014

1.〈오계의 노래〉
찬불가 / 작사 : 광덕 스님 / 작곡 : 박범훈 / 『 뭇소리 찬불가』수록 / 미발표 곡

2.〈사바등대〉
찬불가 / 작사 : 정다운 스님 / 작곡 : 박범훈 / 『 뭇소리 찬불가』수록 / 미발표 곡

3.〈니르바나〉
찬불가 / 작사 : 정다운 스님 / 작곡 : 박범훈 / 『 뭇소리 찬불가』수록 / 미발표 곡

4.〈원앙생가〉
찬불가 / 작사 : 정다운 스님 / 작곡 : 박범훈 / 『 뭇소리 찬불가』수록 / 미발표 곡

5.〈오실이 가실이〉
찬불가 / 작사 : 원경 스님 / 작곡 : 박범훈 / 『 뭇소리 찬불가』수록 / 미발표 곡

6.〈석굴암가〉
찬불가/ 작사 : 김월운 스님 / 작곡 : 박범훈 / 『 뭇소리 찬불가』수록 / 미발표 곡

佛教音樂 論文, 著書, 樂譜, 音盤

■ 論文

1. 「創作讚佛歌의 歷史的 考察」
   彌天 睦楨培 博士 華甲記念 論叢 「未來佛敎의 方向」(경남 : 도서출판 장경각, 1997), 893~910쪽
2. 「佛典에 記錄된 樂器의 韓國傳來에 관한 硏究」
   田雲德 總務院長華甲記念 「佛敎學論叢」(충북 : 天台佛敎文化硏究院, 1999), 1656~1683쪽
3. 「佛敎音樂의 傳來와 韓國的 展開에 관한 硏究」
   (東國大學校 大學院 博士學位論文, 1998), 1-561
4. 「佛典에 記錄된 音樂用語에 관한 硏究」
   蓮史 洪潤植 敎授 停年退任 記念 論叢 「한국문화의 전통과 불교」,(논총간행위원회, 2000), 942~975쪽
5. 「佛典으로 본 世尊의 音樂觀」
   月刊海印 1999, 11月誌(서울 : 海印誌出版社, 1999), 6~7쪽
6. 「世宗大王이 創製한 佛敎音樂硏究」
   『韓國音樂史學報』(서울 : 韓國音樂史學會, 1999), 제23집, 5~29쪽
7. 「無形 佛敎文化有産의 保存과 傳承」
   (서울 : 韓國敎授佛者聯合會), 1998 發表論文
8. 「佛典上的樂器流傳於韓國之硏究」
   佛敎東傳 200年 佛敎音樂學術 硏討會 論文(臺灣 : 財團法人 佛光山 文敎基金會, 2000, 1,24~26)

■ 著書

1. 『韓國佛敎音樂史硏究』(경남 : 장경각, 2000)

■ 樂譜

1. 「보현행원송」, 『찬불가전집』 제8집(서울 : 도서출판보림사, 1993)
2. 「아제아제」, 『찬불가전집』 제8집(서울 : 도서출판보림사, 1993)
3. 「찬불가집」, 『찬불가전집』(서울 : 새소리사, 1994)

■ 音盤

1. 〈붓다〉
   박범훈의 불교음악 국악교성곡 / 오아시스 ORC-1611 / CD 1매
2. 〈보현행원송〉
   박범훈의 불교음악 국악교성곡 / 오아시스 ORC-1609 / CD 1매
3. 〈무상〉
   박범훈의 불교음악 / 오아시스 ORC-1535 / CD 1매
4. 〈김성녀의 찬불가〉
   박범훈의 불교음악4 / 오아시스 ORC-1583 / CD 1매
5. 〈부모은중경〉
   박범훈의 불교음악5, 국악교성곡 / 오아시스 ORC-1508 / CD 1매
6. 〈이차돈의 하늘〉
   박범훈의 불교음악6 / 오아시스 ORC-1610 / CD 1매

7.〈용성〉

박범훈의 불교음악7, 국악교성곡 / 오아시스 ORC-1610 / CD 1매

8.〈붓다〉

박범훈의 음악세계 / 달마를 위한 소리 교성곡 / 신나라레코드 달마 시리즈 01 / CD 1매

9.〈보현행원송〉

박범훈의 음악세계 / 달마를 위한 소리 교성곡 / 신나라레코드 달마 시리즈 02 / CD 1매

10.〈부모은중송〉

박범훈의 음악세계 / 달마를 위한 소리 교성곡 / 신나라레코드 달마 시리즈 03 / CD 1매

11.〈용성〉

박범훈의 음악세계 / 달마를 위한 소리 교성곡 / 신나라레코드 달마 시리즈 04 / CD 1매

12.〈진감〉

박범훈의 음악세계 / 달마를 위한 소리 교성곡 / 신나라레코드 달마 시리즈 05 / CD 2매

13.〈無常〉

박범훈의 음악세계 / 달마를 위한 소리 / 신나라레코드 달마 시리즈 06 / CD 1매

14.〈김성녀의 찬불가〉

박범훈의 음악세계 / 달마를 위한 / 신나라레코드 달마 시리즈 07 / CD 1매

찬불가 악보집

뭇소리 찬불가

초판 1쇄 발행 2014년 4월 16일

엮은이 박범훈 **펴낸이** 홍기원
편집주간 박호원 **총괄** 홍종화
편집 · 디자인 오경희 · 조정화 · 오성현 · 신나래
정고은 · 김선아 · 이효진
관리 박정대 · 최기엽
펴낸곳 민속원 **출판등록** 제18-1호
주소 서울시 마포구 대흥동 337-25 **전화** 02) 804-3320, 805-3320, 806-3320(代) **팩스** 02) 802-3346
이메일 minsok1@chollian.net, minsokwon@naver.com
홈페이지 www.minsokwon.com

ISBN 978-89-285-0599-9 93670

이 도서의 국립중앙도서관 출판시도서목록(CIP)은 서지정보유통지원시스템 홈페이지(http://seoji.nl.go.kr)와
국가자료공동목록시스템(http://www.nl.go.kr/kolisnet)에서 이용하실 수 있습니다.(CIP제어번호: CIP2014010475)

※ 책 값은 뒤표지에 있습니다.
※ 잘못된 책은 바꾸어 드립니다.